HEYNE‹

W0084035

Die Autorin

Dorothy Harbour, geb. 1959 in San Francisco, Psycho-therapeutin und spirituelle Lebensberaterin, vermittelt in ihren Büchern, Seminaren und Coachings praktische Methoden, wie wir unser Leben gesund, erfolgreich und selbstbestimmt leben können. Ihr Buch *Achtung, Energievampire* gilt als das erfolgreichste Buch zum Thema »Psychischer Selbstschutz« überhaupt. Sie lebt zusammen mit ihrer Tochter auf Orcas Islands (Washington).

DOROTHY HARBOUR

Ein Schutzschild
für die Seele

Spirituelle Energie
aufbauen, bewahren, verteidigen

WILHELM HEYNE VERLAG
MÜNCHEN

Das vorliegende Buch ist sorgfältig erarbeitet worden.
Dennoch erfolgen alle Angaben ohne Gewähr.
Weder Autoren noch Verlag können für eventuelle Nachteile oder Schäden,
die aus den im Buch gemachten praktischen Hinweisen resultieren,
eine Haftung übernehmen.

Dieses Werk ist eine gekürzte und überarbeitete Fassung des Buches
»Achtung, Energie-Vampire« von Dorothy Harbour

FSC
Mix
Produktgruppe aus vorbildlich
bewirtschafteten Wäldern und
anderen kontrollierten Herkünften

Zert.-Nr. SGS-COC-1940
www.fsc.org
© 1996 Forest Stewardship Council

Verlagsgruppe Random House FSC-DEU-0100
Das für dieses Buch verwendete
FSC-zertifizierte Papier *Holmen Book Cream*
liefert Holmen Paper, Hallstavik, Schweden.

2. Auflage
Taschenbucherstausgabe 06/2009
Copyright © 2001 by Integral Verlag, München,
in der Verlagsgruppe Random House GmbH
Printed in Germany 2009
Umschlaggestaltung: Guter Punkt, München
unter Verwendung einer Abbildung von © Guter Punkt/Markus Weber
Gesetzt aus der Minion bei Leingärtner, Nabburg
Druck und Bindung: GGP Media GmbH, Pößneck
ISBN 978-3-453-70121-2

www.heyne.de

Liebe ist reine Lebensenergie.

Für I.

Inhalt

Geleitwort

Ein Schutzschild für die Seele enthält die Essenz meiner fast zwei Jahrzehnte umfassenden Erfahrungen als spirituelle Energie- und Lebensberaterin. Das vorliegende Buch richtet sich an alle Menschen, die sich im privaten beziehungsweise familiären und/oder im beruflichen Bereich vor potenziellen Angriffen von Energieräubern schützen möchten.

Lernen Sie durch einige einfache Übungen, wie Sie das Energiefeld – Aura und Chakras – sehen können, das jedes lebende Wesen umgibt. Erfahren Sie, wie Sie Ihre Aura reinigen und stärken, wie Sie Ihre Chakras öffnen und bewusst wieder schließen können, damit kein unberechtigter Dritter sich an Ihren Energieressourcen vergreifen kann.

Finden Sie unter meiner Anleitung Ihren spirituellen Hüter und nehmen Sie Verbindung zu Ihrem Höheren Selbst auf. Erfahren Sie, wie Sie Ihren Auraschutz auf hilfsbedürftige Dritte ausdehnen können. Lernen Sie, wie Sie durch wirkungsvolle Rituale einen geistigen Schutzraum einrichten und Ihr Heim vor Energieräubern sichern können. Selbst wenn es sich bei Ihrem Partner um einen »Beziehungsvampir« handeln sollte, der (oder die) schleichend Ihre Energien aufzieht, finden Sie in diesem Buch wohl erprobten Rat.

Wenn Sie ein Unternehmen gegründet haben und/oder führen, können Sie hier zusätzlich lernen, wie sich der Schutzschild Ihrer gewappneten Aura auf Ihr Unternehmen ausdehnen lässt. Als Angestellter können Sie die wichtigsten Energieregeln für beruflichen Erfolg und optimale Teamarbeit kennen lernen. Konsumenten – und wer zählte heute nicht zu dieser Spezies – finden in diesem Buch eine Reihe vielfach erprobter Empfehlungen, wie man sich vor den Suggestionen der Werbung, vor herrischen Verkäufern und messianischen Zeitgenossen schützen kann.

Einige Regeln zur spirituellen Kindererziehung und mein bewährtes Langzeitprogramm zum Energieaufbau runden das so kompakte wie umfassende Angebot in diesem Büchlein ab.

Möchten Sie als Erstes herausfinden, wo sich Ihre persönlichen Risikozonen befinden und wie Ihre individuelle Energiebilanz beschaffen ist? Kein Problem: Beantworten Sie einfach die Fragen, die ich für Sie in fünf Checklisten zusammengestellt habe, und werten Sie Ihre Antworten nach dem mitgelieferten Schema aus. Beides finden Sie im Anhang dieses Buches.

Ich wünsche Ihnen aufrichtig, dass Sie Ihre persönliche Verbindung zu den kosmischen Energien aufzubauen und stetig zu stärken vermögen. Denn wer den Kontakt zu seinem Höheren Selbst hergestellt hat, braucht niemals mehr um die Lebensenergie zu kämpfen, die auf der spirituellen Ebene im Überfluss vorhanden und jederzeit verfügbar ist.

Dorothy Harbour

KAPITEL 1

Der Kampf um Lebensenergie

Als ich Mitte der Achtzigerjahre beschloss, mich als Beraterin selbstständig zu machen, bezweifelten manche Menschen in meiner Umgebung, dass meine »Praxis für spirituelle Energie- und Lebensberatung« ein Erfolg werden könnte. Tatsächlich schienen spirituelle Fragen im damaligen Alltag durchschnittlicher US-Amerikaner keine Rolle zu spielen. Vielmehr rivalisierten die meisten Menschen nahezu unablässig um materielle Güter und berufliche Karriere, um Reichtum, Macht und Ansehen.

Für mich aber stand damals schon seit Langem fest, dass all diese Menschen in Wahrheit etwas anderes suchten: das »Licht des Lebens«, die in den verschiedenen Kulturen und Epochen »Äther«, »Prana« oder »Chi« genannte universelle Lebensenergie – eine Ressource also, die auf der spirituellen Ebene in unerschöpflicher Fülle verfügbar ist.

Was hatte mich zu der Überzeugung gebracht, dass es bei den scheinbar so handfesten zwischenmenschlichen Verteilungskämpfen letztlich immer um Lebensenergie geht? Um diese Frage zu beantworten, möchte ich Sie einladen, mich für einen Moment in meine Vergangenheit zu begleiten, genauer gesagt: in meine Zeit als Kleinkind von drei oder vier Jahren.

Als kleines Mädchen besaß ich – wie viele andere Menschen auch – eine Sensitivität, über die in früheren Zeiten auch zahlreiche Erwachsenen noch verfügten. Im Alter von drei oder vier Jahren erspürte ich intuitiv Gedanken und Gefühle der Menschen in meiner Umgebung, wobei mir niemals der Gedanke kam, dass dies eine besondere Leistung sein könnte. Ebenso selbstverständlich verfügte ich über eine Gabe, deren biochemische Grundlage erst die heutige Wissenschaft zu ergründen beginnt: Schon als kleines Mädchen sah ich die Aura, die jedes lebende Wesen umgibt, so mühelos, wie wir alle den Strahlenkranz wahrnehmen, der unsere Sonne umgibt.

Während bei den meisten Kindern diese Talente spätestens in den ersten Schuljahren verkümmern, verlor sich die sensitive Veranlagung bei mir auch in späteren Jahren nicht. Entmutigt durch herben Spott und subtile Strafen lernte ich zwar mit der Zeit, meine »seltsame Begabung« vor der Mitwelt zu verbergen. Doch meine Faszination für das geisterhafte Farbenspiel war stärker als mein Wunsch, keine Außenseiterin zu sein. Und so machte ich diese Faszination schließlich zur Grundlage eines Berufes, den ich erst »erfinden« musste: der spirituellen Lebensberaterin.

Inzwischen hat auch die moderne Wissenschaft erkannt und experimentell bestätigt, dass jedes Lebewesen von einem Energiefeld umgeben ist. Auch wenn heute nur wenige Erwachsene imstande sind, spontan die Aura von Lebewesen zu sehen, ist nach dem aktuellen Stand der Forschung auch die prinzipielle Sichtbarkeit dieser Energiefelder nicht mehr strittig: In unseren physischen Augen befinden sich bestimmte Rezeptoren, mittels derer man die regenbogenfarbene Aura sehen kann. Diese Rezeptoren lassen sich durch gezieltes Training aktivieren – einfache Fokussierungstechniken, die in älterer Zeit zu den selbstverständlich überlieferten Kulturgütern gehörten.

Alles ist Energie

Zum Beginn des dritten christlichen Jahrtausends erkennen immer mehr Menschen, dass zwischen dem uralten Konzept einer kosmischen Energie, aus der alles Leben hervorgeht, und den naturwissenschaftlichen Einsichten kein echter Widerspruch besteht. Wie die Physiker herausgefunden haben, lässt sich Materie in Energie transformieren (und umgekehrt) und jede Energieform in jede beliebige andere umwandeln. So erstaunt es uns keineswegs, dass beispielsweise »Windenergie« oder »Wasserenergie« in »elektrische Energie« transformiert werden können, die sich ihrerseits etwa in »Wärmeenergie« umwandeln lässt und so fort. Jenseits dieser »unbelebten« Bereiche unserer physischen Realität verwenden wir einen sehr ähnlichen Energiebegriff längst in anderen Lebenssphären. So sprechen wir etwa von »sexueller Energie«, vom »energischen Auftreten« einer Person mit Willenskraft oder auch von »krimineller Energie«. In solchen Formulierungen drückt sich die verbreitete und zutreffende Überzeugung aus, dass es sich bei all diesen Energien nur um verschiedene Erscheinungsformen von ein und derselben Kraft handelt: der kosmischen Energie, welche die gesamte Schöpfung durchdringt, alle Lebewesen ebenso wie die vermeintlich »tote Materie«.

Anders als physikalische Kräfte wie Wind-, Wasseroder elektrische Energie können wir die Lebensenergie bisher kaum erst kontrollieren und zielbewusst transformieren. Die Probleme beginnen schon bei der Messung von Lebensenergien: Selbst die elektrischen Reizströme in lebenden Organismen sind teilweise so schwach, dass auch die feinsten Messinstrumente sie nicht oder nur unzulänglich zu erfassen vermögen. Und wie erst verhält es sich mit jenen mächtigen Lebensenergien, die sich bereits der technischen Bestimmung und Messung immer wieder entziehen? So wird beispielsweise niemand am Vorhandensein und an der gewaltigen Macht sexueller Energie zweifeln – wer aber hätte diese Energie, die Sigmund Freud »Libido« nannte, jemals objektiv zu messen vermocht?

Noch sehr viel schwieriger ist es, die Umwandlung etwa von libidinöser in spirituelle, geistige oder kreative Energie bewusst zu steuern. Dennoch gelingt diese Transformation zweifellos immer wieder, wie wir aus den Werken außerordentlich willensstarker Individuen (Heiliger, Weiser oder Künstler) aller Zeiten und Epochen ersehen können.

Darüber hinaus gibt es etliche weitere Erscheinungsformen der Lebensenergie, die bisher nur vage definiert und gleichwohl äußerst wirksam sind. Oder würden Sie etwa bezweifeln, dass manche Menschen eine erheblich stärkere »Ausstrahlung« als andere haben? Sicherlich nicht. Dennoch kennen die meisten von uns bis heute keine Möglichkeit, diese charismatische Energie zu messen oder gar zu manipulieren. Ebenso wenig wüssten die meisten Zeitgenossen zu sagen, wie wir unsere eigene Ausstrahlung steigern können. Oder auch umgekehrt: Wie vermögen wir uns der charismatischen Energie anderer Menschen zu entziehen, uns davor zu schützen, dass die Energiestrahlen politischer Rattenfänger oder marktschreierischer Verkäufer durch unsere Aura in unsere Persönlichkeit eindringen?

Auf diese und manche verwandte Fragen werde ich in diesem Buch noch ausführlicher eingehen. Schon an dieser Stelle möchte ich zumindest eine vorläufige Antwort geben: Nach meiner Erfahrung und Überzeugung besitzt jedes Individuum ein »energetisches Immunsystem«, das wir ebenso wie unser körperliches Abwehrsystem stärken und pflegen sollten. Denn nur mithilfe dieses Immunsystems vermögen wir uns vor Energieräubern zu schützen, die von unserer Lebenskraft zu zehren versuchen.

Die Motive der Energieräuber

Was verleitet Energievampire überhaupt dazu, die Lebenskraft ihrer Mitmenschen zu rauben? Die Antwort ergibt sich aus dem oben Gesagten: Anders als elektrische Energie, die wir etwa aus Wind- oder Wasserkraft gewinnen können, vermögen die meisten von uns die Ressource namens Lebensenergie in der physischen Welt bislang kaum zu kontrollieren und zu manipulieren. Zwar brennt in jedem Lebewesen – ähnlich der Energie in Verbrennungsmotoren – ein »Lebenslicht«, das ihm die für sein Überleben nötige Lebensenergie spendet. Um ihr Energieniveau zu steigern, versuchen aber viele Individuen, sich der einzigen Quelle zu bemächtigen, die ihnen normalerweise zugänglich ist: der Lebensenergie eines unzulänglich geschützten Mitmenschen.

Leuten wie mir, die den jedes Individuum umgebenden Energiemantel sehen können, bietet sich ein vertrauter und doch immer wieder erschreckender Anblick, wenn wir beobachten, wie zwei Menschen miteinander streiten: Beider Auren fließen ineinander und verfärben sich an den Schnittstellen orange- bis feuerrot. Wenn einer der beiden endlich gesiegt hat und der Unterliegende zurückweicht, so ist klar zu erkennen, wie sich auch die Auren wieder voneinander trennen. Die Aura des Siegers ist dann regelrecht aufgebläht und hat an Umfang und an Strahlkraft zugelegt. Die Aura des Besiegten scheint dagegen in sich zusammenzufallen wie ein Ballon, der rapide Luft verliert. Der Angreifer mag glauben, dass er sich nun so großartig fühlt, weil er in einem intellektuellen Wettstreit die besseren Argumente besessen habe. In Wirklichkeit aber ist er trunken von der Energie, die er seinem Gegner abgetrotzt hat. Entsprechend ausgelaugt fühlt sich der Unterlegene: Schließlich wurde ihm soeben bei einer vampiristischen Attacke ein Teil seiner Lebenskraft geraubt.

Zweifellos würden wir in unserer Gesellschaft sehr viel achtsamer miteinander umgehen, wenn mehr Menschen dieses furchtbar eindrucksvolle Schauspiel des alltäglichen Energieraubs beobachten könnten. Aber vielleicht erklärt das ja umgekehrt, warum die »erwachsen« gewordene Menschheit sich so eifrig bemüht hat, »auf diesem Auge blind« zu bleiben?

Der Liebesvampir

Wie wir alle aus eigener Anschauung und Erfahrung wissen, verfügen die Menschen über unterschiedliche Energieniveaus. In jeder Gruppe gibt es »charismatische Anführer«, die mit ihrem Schwung die anderen mitzureißen vermögen. Daneben treffen wir – ob im Betrieb, in der Familie oder auch in mancher Ehe – Personen an, die sich weniger vital als der Rest der Gruppe fühlen und daher am »Energiereichtum« des oder der anderen teilzuhaben versuchen. Aus diesem energetischen Gefälle erklären sich die alltäglichsten Fälle von Energievampirismus.

Wohl jeder von uns kennt den geläufigsten Typus des Energieräubers, der sich meist mit kleinen Raubzügen begnügt: Ständig um Aufmerksamkeit bettelnd, mal beleidigt, dann wieder trostbedürftig zwingt er seine Mitmenschen auf unterschiedliche Weise, sich ihm zuzuwenden und ihn so an ihren Energieressourcen teilhaben zu lassen. In einer Familie oder Ehe kann das unheilvolle Wirken eines solchen »Liebesvampirs« lange Zeit unbemerkt bleiben. Doch irgendwann werden die Energien des »ausgesaugten« Ehepartners oder Elternteils erschöpft sein – mit der Folge, dass er oder sie erkrankt, zusammenbricht oder die Flucht ergreift.

Der Machtvampir

Manche Menschen fühlen sich nur dann stark und selbstbewusst, wenn sie andere beherrschen, ihnen die eigene Meinung aufzwingen, ihr Denken und Verhalten manipulieren können. Diesen Typus nenne ich den »Machtvampir«, denn er berauscht sich an der Macht, die er über andere besitzt. Machtvampire treffen wir im Beruf wie auch im privaten Umfeld an. Hier wie dort bekleiden sie dominante Rollen – als Chefs jeden Ranges, als derjenige, der »das Sagen hat« und andere herumkommandiert.

Von der Politik, von Verbänden und allen Organisationen, die Machtpositionen vergeben, fühlen sich Machtvampire unwiderstehlich angezogen. Ihre »charismatische Ausstrahlung« speist sich aus den Energien, die sie ihren Bewunderern oder Untergebenen geraubt haben.

Auch in der Konsumwelt treffen wir nicht selten eine Spielart des Machtvampirs an. Sicher sind auch Sie schon einmal dem Typus des unduldsamen Verkäufers begegnet, der einem überteuerte, letztlich nutzlose Produkte anzudrehen versucht. Diese Individuen handeln meist nicht nur aus Profitgier, sondern gehorchen zugleich ihrem Drang, den Kunden zu dominieren und so dessen Energiequellen anzuzapfen. Denn letztlich symbolisiert auch das Geld lediglich die Energien, um deren Besitz die Menschen ständig konkurrieren: Kein Wunder also, dass wir uns am Ende so leer und ausgepumpt fühlen, wie unser Konto es nach einem solcherart manipulierten Fehlkauf tatsächlich ist. Der vampiristische Verkäufer aber hat sich nicht nur unser Geld, sondern auch unsere Lebensenergie angeeignet.

Der Angstvampir

In der postmodernen Medien- und Massengesellschaft leiden immer mehr Menschen an psychischen Erkrankungen oder seelischen Störungen. Nach meiner Sichtweise bedeutet dies: Da ihre Lebensenergie mehr oder minder blockiert ist, versuchen sie anderer Menschen Kraft für sich abzuzweigen.

Die am weitesten verbreitete Methode, dies zu bewerkstelligen, scheint die folgende zu sein: Angstvampire dringen in die Persönlichkeit anderer Individuen ein, indem sie diesen Zweifel oder Angst einflößen – Zweifel an bisherigen Vertrauenspersonen oder an sich selbst und den eigenen Fähigkeiten; Angst vor angeblichen Intrigen oder sonstigem Desaster. Im Allgemeinen genügt es, solchen Personen aus dem Weg zu gehen, und ich rate Ihnen dringend, sich vor allem nicht gefühlsmä-

ßig verstricken zu lassen. Was aber, wenn sich heraus-
stellt, dass unser Chef, ein Kollege oder gar unser eigener
Partner ein verkappter Angstvampir ist?

In diesem Buch werden Sie eine Menge Antworten
auf diese und viele weitere Fragen zur Abwehr von Energieräubern finden.

KAPITEL 2

Das Strahlenkleid:
So leicht ist es, die Aura zu sehen

Der wirksamste Schutz vor Energievampiren ist eine mächtige und intakte Aura: An diesem Schutzschild prallt jeder Energieräuber ab. In diesem und dem folgenden Kapitel möchte ich Ihnen daher die menschliche Aura näher bringen.

Die meisten Menschen in der westlichen Hemisphäre scheinen heutzutage zu glauben, dass unsere Aura unsichtbar sei. Dennoch kann man sie mit ein wenig Übung mühelos sehen. Das ist deshalb so wichtig, weil uns das Aussehen einer Aura – ihre Färbung und Ausdehnung – recht genaue Rückschlüsse auf Vitalität und Befindlichkeit eines Menschen erlaubt. Und schon heute gibt es auch in Amerika und Europa nicht wenige Individuen, die sich – so wie ich selbst – der Aura anderer Menschen klar bewusst sind. Deutlich sehen oder fühlen sie, ob unsere Aura gesund oder kränklich wirkt, ob sie in energetischer Frische erstrahlt oder glanzlos ist wie das Fell eines kranken Tieres.

In diesem Kapitel können auch Sie lernen, Auren zu sehen und ein Aurabewusstsein zu entwickeln. Diese Fähigkeit erlaubt Ihnen, jederzeit die Integrität Ihres energetischen Schutzschildes zu überprüfen. Das ist eine unschätzbare Fähigkeit, da auch viele Energievampire fremde Auren zu »lesen« vermögen: Sieht oder spürt ein potenzieller Energieräuber, dass unser Schutzschild defekt ist, wird er sich zum Übergriff ermutigt fühlen. Umgekehrt fühlen wir selbst uns sehr viel stärker, wenn wir über eine starke Aura verfügen und uns dieser auch bewusst sind. Denn eine intakte Aura bringt uns auch in Verbindung mit unserem Höheren Selbst – jener spirituellen Instanz, mit deren Hilfe wir praktisch unbesiegbar sind, da sie weitaus stärker und weiser ist als unser kleines Ich.

Wie unsere Aura aufgebaut ist und funktioniert

Sicher haben Sie auch schon einmal von der sogenannten Kirlianfotografie gehört: Diese Hochfrequenztechnik erlaubt uns, die menschliche Aura sichtbar zu machen *(siehe Abbildung 1)*. Im Einzelnen unterscheidet man meist zwischen der materiellen, emotionalen, mentalen und spirituellen Dimension der Aura. Diese schwingen in unterschiedlichen Frequenzen und beeinflussen einander auf vielfältige Weise *(siehe Abbildung 2)*.

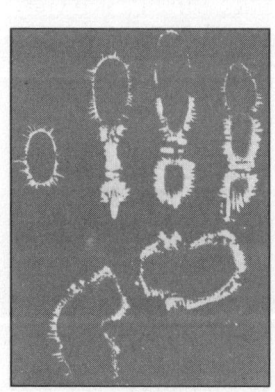

Abbildung 1
Durch Kirlianfotografie sichtbar gemachte Aura

Die materielle Dimension

Nicht nur die alten spirituellen Weisheitsbücher, sondern auch die modernen Naturwissenschaften lehren uns, dass Materie nichts anderes ist als transformierte und verdichtete Energie. Auch in unserer Aura lassen sich verschiedene Abstufungen der Stofflichkeit nachweisen. So handelt es sich bei der materiellen Dimension der Aura um nichts anderes als unseren physischen Körper, während ihre weiteren Dimensionen von feinstofflicher Beschaffenheit sind.

Ein wesentlicher Unterschied zwischen den Auradimensionen besteht in den Schwingungsfrequenzen: Die

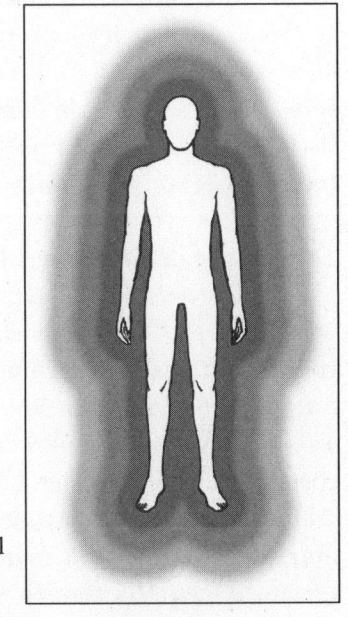

Abbildung 2
Die vier Dimensionen der
menschlichen Aura

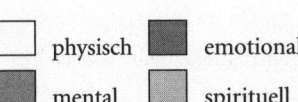

physisch   emotional

mental   spirituell

Materie schwingt in einer so niedrigen Frequenz, dass für unsere Sinnesorgane der Eindruck kompakter Festigkeit entsteht. Umgekehrt vibrieren die höheren Dimensionen unseres Schutzschildes in derart schnellem Takt, dass unser physisches Auge sie nur noch als schwingende, nebelartige Schleier wahrnehmen kann.

Die mentale Dimension

Die mentale Ebene ist die Dimension der Bewusstheit. Hier ist unser Verstand beheimatet, die Welt unserer bewussten Gedanken und Ideen. So wie wir nur unseren physischen Körper als komprimiertes Energiefeld beschreiben können, lassen sich umgekehrt auch die höheren Dimensionen der Aura als feinstoffliche Körper verstehen. In diesem Sinn können wir statt von der mentalen Auradimension auch von unserem Mentalkörper sprechen. Er schwingt in höherer Frequenz als der physische Körper, jedoch in niedrigerer als die emotionale (oder astrale) und die spirituelle Dimension.

Die emotionale oder astrale Dimension

Die heutige westliche Psychologie hält Ratio und Bewusstsein, also die Mentalebene, für die bedeutungsvollste geistig-seelische Dimension. Im Lichte unserer Aura erscheinen jedoch Emotionen und Unbewusstes als eindeutig höhere Funktionen: Sie gehören der Astralebene an, die den meisten Menschen fast nur noch im Traum erreichbar ist. Auch in tieferen kreativen Schöpfungsprozessen sowie in Trance und mittels anderer Versenkungstechniken können wir aber auch in heutiger

Zeit die astrale Wahrnehmungsebene für unser Bewusstsein erschließen. Allerdings besteht zwischen der emotionalen Auradimension und dem Bewusstsein normalerweise keine Verbindung, weshalb psychische Angriffe hier weitaus Erfolg versprechender als auf der Mentalebene sind.

Wahrscheinlich haben aber auch Sie schon einmal erlebt, dass sie plötzlich spürten (nicht sahen), wie sich der Blick von jemandem – zum Beispiel in einer großen Menschenmenge – auf Sie richtete, oder auf einmal fühlten (nicht hörten), dass jemand Sie verfolgte: Solche »übersinnlichen« Warnsignale verdanken wir unserer Aura, dem energetischen Feld, das uns umgibt. Sobald etwas oder jemand in dieses Feld eindringt, schaltet sich unser Aura-Alarmsystem ein, eine untrügliche natürliche Schutzvorrichtung für jeden, der die Sensoren seiner Aura wahrzunehmen und zu steuern vermag.

Die spirituelle Dimension

In der höchsten Frequenz schwingt die spirituelle Ebene unserer Aura, auf der unser Höheres Selbst beheimatet ist. In einem späteren Kapitel werde ich einige Meditations- und Visualisierungsübungen vorstellen, die Ihnen helfen können, mit Ihrem Höheren Selbst Kontakt aufzunehmen. Nur durch diese Verbindung vermögen wir mit der Weisheit des Kosmos und unserer unsterblichen Seele in Verbindung zu treten, dem unauslöschlichen Energiefunken, durch den wir am Leben sind.

Aurafarben und ihre Bedeutung

Bei den meisten Menschen bedarf es nur der gezielten Anleitung, damit sie lernen, ihre eigene Aura und den energetischen Schutzschild anderer Menschen zu sehen. Darüber hinaus kann man mit einiger Übung erkennen, wie gesund oder krank der Betreffende ist und in welcher Stimmung er sich befindet, indem man Farbe, Strahlkraft und Ausdehnung der Aura analysiert.

Unser physisches Auge kann allerdings normalerweise nicht die gesamte Aura, sondern nur die emotionale Auraebene sehen. Bei gesunden Menschen glänzt sie meist in kräftigem Grün oder Gelb, Blau oder Rot. Einige in der Praxis bewährte Übungen zum raschen und sicheren Aurasehen stelle ich Ihnen auf den folgenden Seiten vor.

Immer wieder werde ich auch gefragt, was die einzelnen Farben unserer Aura »bedeuten«. Diese Bedeutungen lassen sich nach meiner Erfahrung nicht objektiv festlegen: Sie hängen unter anderem von der Subjektivität dessen, der die Aura wahrnimmt, und von der Persönlichkeit ab, zu der sie gehört. Allerdings gibt es einige Erfahrungswerte zu den Bedeutungen der Farben, auf denen auch die Technik der Auradiagnose basiert:

• Für Gesundheit, natürliches Wachstum und sichere Erdung steht die Farbe Grün.
• Willensstärke, Durchsetzungskraft, auch Zorn signalisieren Rot und Orange.

- Auf eine besonnene Grundhaltung, kommunikative Fähigkeiten und spirituelle Weisheit, oft aber auch auf einen Mangel an Willenskraft und Vitalität lassen vorherrschende Blautöne schließen.
- Eine Dominanz der Mentalebene, also von Verstand und Bewusstheit, signalisieren überwiegende Gelbtöne.
- Auf heilende Kräfte, aber auch auf Entscheidungsschwäche deutet Rosa.
- Für spirituelle Sicherheit und mediale Begabung steht Violett.
- Erdverbundenheit, aber auch Verhaftetsein in der Vergangenheit und Unterentwicklung des Ich werden durch Brauntöne signalisiert.
- Die Farbe der Säuberung, Befreiung und Reinheit, die Farbe der Sicherheit und Führung, die aus der Präsenz unseres Höheren Selbst erwächst, ist Weiß.
- Auf Krankheit, energetische Blockaden, eine geschwächte Aura (möglicherweise durch Energievampire!) deuten schließlich Schwarz und Grautöne hin; deutliche Dominanz von Schwarz signalisiert eine tödliche Krankheit oder Erschöpfung der Vitalquelle.

Wie unser Auge Auren sehen kann

An den Rändern unseres Sichtfeldes enthält unser Auge sogenannte Stäbchenzellen. Hierbei handelt es sich um Rezeptoren, die in der Morgen- oder Abenddämmerung sowie in düsteren Räumen auf biochemischem Weg aktiviert werden, indem sie die Substanz Rhodopsin (Sehpurpur) synthetisieren. Diese Stäbchenzellen ermöglichen uns nicht nur, im Dunkeln zu sehen, sondern ebenso, an der Peripherie unseres Sichtfeldes etwas wahrzunehmen. Bei hellerem Licht bleicht der Sehpurpur rasch aus. Stellen wir aber bei gedämpftem Licht den Brennpunkt unserer Augen auf den Rand unseres Sehfeldes ein – das berühmte »Schielen« der Seher und vieler Figuren auf alten Heiligenbildern –, so können wir mit einiger Übung die Aura wahrnehmen, die jedes Lebewesen umgibt.

WICHTIG: Achten Sie bitte darauf, bei den folgenden Übungen nicht mit verkrampfter Augenstellung zu starren. Hierdurch lässt sich nämlich nur ein so rascher wie trügerischer Erfolg erzielen. Was Sie auf diese Weise zu sehen bekommen, ähnelt zwar einer Aura, im Allgemeinen aber handelt es sich nur um ein Nachbild, ein »Negativ« der körperlichen Person.

Wie unterscheiden sich Nachbild und Aura?

• Das Nachbild ähnelt einem bunten Schatten des sich bewegenden Körpers: Bleibt dieser regungslos, verharrt auch das Negativ auf der Stelle. Dagegen ist die Aura ein fließendes Energiefeld, das auch dann in sich bewegt ist, wenn der physische Leib regungslos verharrt.
• Das Nachbild ist flächig und meist einfarbig. Die Aura dagegen besteht aus durchsichtigen, fluoreszierenden Farben.
• Das Nachbild ist immer das farbliche »Negativ« des Objektes, zu dem es gehört. Wenn eine Person beispiels-

weise eine schwarze Bluse trägt, wird ihr Nachbild in diesem Körperbereich von weißem bis hellgrauem Aussehen sein. Die Aura dagegen kann die unterschiedlichsten Farben aufweisen, und zwar unabhängig von der Kleidung, die der oder die Betreffende trägt.

Alternativen zum Aurasehen

Wie bereits erwähnt bilden sensitive Menschen, die Auren sehen können, heutzutage in der westlichen Welt eine kleine Minderheit. Diese Fähigkeit wird oft als psychische Begabung bezeichnet – was jedoch keineswegs bedeutet, dass man »übersinnlich begabt« sein muss, um Auren zu sehen. Tatsächlich gibt es zwar medial begabte Menschen, welche die feinstofflichen Komponenten von Lebewesen überwiegend mit dem Dritten Auge sehen, viele andere aber – mich selbst eingeschlossen – verwenden ganz einfach ihre physischen Augen, um energetische Schutzschilde zu erkennen und aus deren Form und Farbe auf das Energielevel, die Stimmung, Gesundheit und so weiter des Betreffenden zu schließen.

Vielleicht gehören sie aber zu den recht zahlreichen Menschen, die weder »übersinnlich begabt« noch besonders visuell veranlagt sind. Ich selbst kenne einige Männer und Frauen, die auch nach sorgsamer Übung nicht imstande waren, Auren mit ihren physischen Augen zu sehen. Auch das ist jedoch nicht weiter schlimm: Es gibt noch eine Reihe weiterer Möglichkeiten, Auren wahrzunehmen:

- Viele Menschen verfügen über die Fähigkeit, Auren gefühlsmäßig zu »scannen«.
- Andere Individuen können Aussehen und Beschaffenheit von Auren ertasten.
- Wieder andere – die erwähnten Sensitiven – nehmen die Aura mit ihrem Dritten Auge wahr.

Falls Sie also nach den unten angeführten Übungen nicht (oder noch nicht) in der Lage sind, Auren zu sehen, so fragen Sie sich bitte: Welches ist mein »stärkstes« Wahrnehmungsorgan? Versuchen Sie dann entsprechend mit dem Tastsinn oder mit Ihrer Intuition Auren zu erspüren.

WICHTIG: Für alle weiteren Übungen in diesem Buch brauchen Sie nicht imstande zu sein, Auren zu sehen. Bei den Übungen geht es vielmehr darum, Aura, Chakras und andere energetische Phänomene zu visualisieren, also vor dem geistigen Auge erstehen zu lassen. Wie die Erfahrung beweist, können Sie allerdings durch diese Visualisierungsübungen mit der Zeit auch Ihre Fähigkeit zum Aurasehen entwickeln.

So bereiten Sie sich auf die Übungen vor:

Suchen Sie sich einen Ort, an dem Sie nicht gestört werden können. Falls sich diese Stätte im Freien befindet, sollten Sie sie in der Morgen- oder Abenddämmerung aufsuchen; wenn Sie in einem geschlossenen Raum Platz nehmen, sorgen Sie für gedämpftes Licht. Weder eine künstliche Lichtquelle noch Sonnenstrahlen sollten sich in Ihrem direkten Sichtfeld befinden.

Setzen Sie sich in bequemer Haltung hin. Als Hintergrund benötigen Sie eine Fläche in gedämpften, eher dunklen Farben – beispielsweise eine Wand mit einfarbig brauner Bemalung oder das dunkle Grün eines Waldsaums. Zwischen Ihnen und dieser Projektionsfläche sollten möglichst keinerlei Objekte sein, auf die Ihre Augen sich einstellen könnten.

Schließen Sie halb die Augen und versetzen Sie sich in einen entspannten Zustand, indem Sie geistige Bilder, die angenehme Gefühle in Ihnen hervorrufen, an sich vorüberziehen lassen. Nehmen Sie sich vor, bei den folgenden Übungen nichts erzwingen zu wollen und auch bei möglichen ersten Misserfolgen nicht die Zuversicht zu verlieren. Auren zu sehen ist kinderleicht! Also werden mit hoher Wahrscheinlichkeit auch Sie es schaffen.

Nach einigen Minuten öffnen Sie wieder die Augen. Ihre Augenmuskeln sollten nun ebenso entspannt sein wie Ihr Geist.

Übung: Fingerenergie

Führen Sie in Höhe Ihrer Augen beide Hände mit gespreizten Fingern langsam aufeinander zu, als ob Sie sie falten wollten. Formen Sie dabei mit den Händen eine imaginäre Kugel, indem Sie zwischen den entsprechenden Fingern beider Hände einen Abstand von etwa einem Zentimeter wahren *(siehe Abbildung 3)*.

Richten Sie nun den Fokus Ihrer Augen möglichst entspannt auf den Zwischenraum zwischen Ihren Fingern. Sehen Sie etwa eine Minute lang in diese »Gasse«, die jeweils von den Spitzen beider Zeige-, Mittel-, Ring- und kleinen Finger gebildet wird und deren Fluchtpunkt sich auf der Projektionsfläche in der Ferne (auf der Zimmerwand, dem Waldsaum etc.) befindet.

Nach einiger Zeit müssten Sie zwischen den jeweiligen Fingerspitzen so feine Energiefäden aus schillerndem Nebel sehen, welche die Spitzen Ihrer Finger miteinander verbinden.

Sollten Sie bei dieser Übung nicht sofort erfolgreich sein, bleiben Sie trotzdem locker und zuversichtlich. Vielleicht probieren Sie es an einem anderen Standort oder zu einer anderen Tageszeit, wenn Sie entspannter sind. Auf jeden Fall sollten Sie diese Übung nach wenigen Minuten des Fokussierens abbrechen und frühestens fünf Minuten später wiederholen, damit Ihre Augenmuskeln sich nicht verkrampfen und Sie statt der Aura nur das oben erwähnte »Nachbild« sehen.

Übung: Die Aura meines Partners

Bitten Sie Ihre Partnerin oder Ihren Partner (eine Person, der Sie vorbehaltlos vertrauen), die folgende Übung mit Ihnen gemeinsam auszuführen. Auch hierfür sollten Sie einen Ort wählen, an dem Sie ungestört sind und an dem gedämpftes Licht herrscht.

Bitten Sie Ihren Partner, sich etwa einen bis anderthalb Meter vor dem geeigneten Hintergrund (z. B. einer dunklen Wand) mit dem Gesicht zu Ihnen aufzustellen. Wählen Sie selbst einen Abstand von vier bis fünf Metern und sehen Sie ihn oder sie aus dieser Entfernung an.

Achten Sie darauf, nicht zu starren, sondern mit entspannten Augenmuskeln zu sehen und besonders die Peripherie Ihres Sehfeldes zu nutzen, wo sich der überwiegende Teil der Stäbchenzellen befindet. Heften Sie Ihren Blick nicht auf die Gestalt Ihres Partners, sondern streifen Sie diese nur kurz und fokussieren Sie sich dann etwa auf den Umriss der Schulter oder Schläfe.

Brechen Sie auch diese Übung jeweils nach etwa einer Minute ab und wiederholen Sie sie frühestens nach fünf Minuten. Verharren Sie während dieser Ruhepausen sitzend und mit halb geschlossenen Augen.

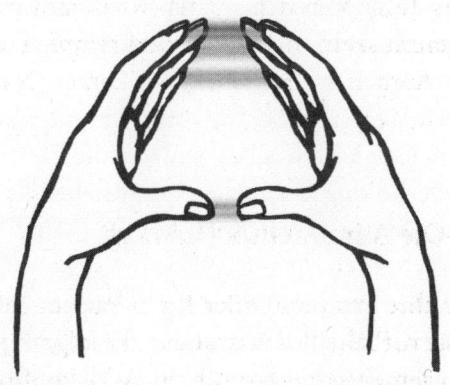

Abbildung 3
Fingerhaltung bei der ersten Übung zum Aurasehen

Nachdem Sie diese Übung zwei- oder dreimal wiederholt haben, müssten Sie schillernde Dampf- oder Nebelschwaden erkennen, die aus der Schulter oder Schläfe des Partners zu dringen scheinen.

Übung: Ein Kleid aus Licht

Kaum etwas behindert die klare Sichtbarkeit der menschlichen Aura so sehr wie die Kleidung, die wir auf der Haut tragen. Hinderlich wirken sich nicht die verwendeten Gewebe aus, sondern die Farben unserer Kleidung. Das menschliche Auge kann allenfalls nach erheblichem Training die Farben der Aura und die der Kleidung trennscharf unterscheiden. Wer wenig oder keine Erfahrung im Aurasehen hat, wird daher statt der Aura oftmals einen vagen Farbenkranz wahrnehmen, in dem sich die energetischen Farben der Aura mit den »profanen« Farben von Hemd oder Hose, Rock oder Bluse vermischen.

Da auch Weiß und Schwarz mit den Aurafarben interagieren, füge ich für all diejenigen, die nach mehrfacher Wiederholung der beiden voranstehenden Übungen keine Erfolge verzeichnen konnten, eine Variante hinzu:

Sofern die Art der Beziehung zwischen Ihnen und Ihrem Partner dies erlaubt, könnte es ratsam sein, die folgende Übung in teilweise unbekleidetem Zustand zu wiederholen. Natürlich ist es nicht erforderlich, auf jegliche Bekleidung zu verzichten – beispielsweise können

Sie sich darauf konzentrieren, den Teil der Aura wahrzunehmen, der Ihren Oberkörper beziehungsweise den Ihres Partners umgibt. Trotzdem ist diese Variante nicht für jeden empfehlenswert (oder akzeptabel), zumal man in un- oder spärlich bekleidetem Zustand möglicherweise noch größere Schwierigkeiten hat, sich mit der erforderlichen Lockerheit zu konzentrieren.

Wenn Sie sich aber hierdurch nicht ablenken lassen, müssten Sie nach einigen Wiederholungen die durch keinerlei Kleidungsfarben verwischte Aura Ihres Partners als pulsierendes Energiefeld entlang der fokussierten Partie der Körperkontur sehen können.

KAPITEL 3

Stärkung meiner Aura:
Übungen zu Aufbau und Reinigung

In den zurückliegenden Jahren und Jahrzehnten haben die meisten von uns gelernt, wie wichtig es ist, den eigenen Körper gesund zu erhalten. Wir nehmen nur noch chemisch und gentechnisch unbehandelte Nahrung aus biologisch kontrolliertem Anbau zu uns, achten (nicht erst seit den Zeiten von BSE) auf vegetarische Ernährung und meiden Giftstoffe wie Alkohol, Nikotin oder andere Drogen. Dadurch stellen wir sicher, dass unser Organismus die Energie erzeugen kann, die wir für unser materielles Überleben und körperlich-seelisches Wohlbefinden benötigen.

Unser physischer Körper ist nur der materielle Kern einer Gesamtpersönlichkeit, die zu wesentlichen weiteren Teilen aus feinstofflichen Energiekörpern besteht. Deshalb sollten Sie sich angewöhnen, mit der gleichen Selbstverständlichkeit und Geschmeidigkeit Ihre Aura »fit zu machen« und zu pflegen, wie Sie dies – etwa im Wellness-Studio – mit Ihrer Haut und Ihren Haaren, mit Muskeln und Sehnen tun.

Nun möchte ich Ihnen zeigen, was es bedeutet, ebenso verantwortungsvoll mit unserem energetischen

Immunsystem umzugehen. Sie werden erfahren, wie Sie Ihre Aura reinigen und stärken, eventuelle Schwachstellen aufspüren und schließen können.

Der Umfang der Aura

Die körperliche Gestalt und mehr noch die Physiognomie aller Menschen unterscheiden sich so deutlich, dass kein Mensch einem anderen aufs Haar gleicht. Ebenso besitzt jeder von uns eine einzigartige, unverwechselbare Aura. Bei manchen Menschen umgibt die Aura ihren Körper so eng wie eine zweite, leuchtende Haut. Bei anderen dagegen scheint sie weit (einen Meter oder mehr) über die Physis hinaus expandiert. Im Wesentlichen hängt der Umfang unserer Aura von zwei Faktoren ab: Je höher unser Energieniveau ist und je entschiedener wir energetisch nach außen ausgerichtet sind, desto ausgedehnter wird unsere Aura sein.

Auradiagnose

Mit etwas Übung können Sie aus den Farben, die in der Aura eines Menschen vorherrschen, auf dessen Charakter und Befinden schließen. Eine kurze Übersicht über die wichtigsten Aurafarben und ihre Bedeutung finden Sie im voranstehenden Kapitel. Häufig gehen bestimmte Grundfarben mit einem bestimmten Ausdehnungsgrad der Aura einher. So ist die Aura von Menschen, die zu

Jähzorn und Machtstreben neigen, oftmals überproportional ausgedehnt und die vorherrschenden Aurafarben sind Rot, Magenta und Orange. Umgekehrt dominieren in einer Aura, die nur wenig über den Körper hinaus expandiert ist, häufig verschiedene Blautöne, die ein bedächtiges, nicht allzu vitales Wesen signalisieren.

Ein Alarmzeichen für den Auradiagnostiker sind schwarze oder graue Flecken in der Aura einer untersuchten Person. Meist handelt es sich hierbei um verhärtete Stellen (ich bezeichne sie gern als »Auranarben«), an denen der Energiefluss blockiert ist, oder sogar um Lecks im energetischen Schutzschild, durch welche die Lebensenergie entweichen kann.

Kräftigen Sie Ihr energetisches Immunsystem

Eine starke und gesunde Aura beschirmt uns weit über die physischen Grenzen unserer Haut hinaus. Dieser feinstoffliche Schutzschild kann vor ungesunder Atmosphäre schützen, wie sie etwa in Großraumbüros häufig vorherrscht – und zwar vor krank machendem Elektrosmog ebenso wie vor psychischer Verschmutzung der Atmosphäre durch mobbende Kollegen oder machtgierige Vorgesetzte. Wer über eine intakte Aura verfügt, vermag unliebsame Zeitgenossen von jeder unerwünschten Annäherung abzuhalten.

Damit auch Ihre Aura zum unbezwingbaren Schutzschild wird, habe ich in diesem Kapitel ein zweistufiges Aura-Aufbauprogramm für Sie zusammengestellt. Führen Sie die folgenden Visualisierungsübungen regelmäßig durch, so werden Sie bald schon über größere Bewusstheit und ein robusteres Selbstvertrauen verfügen. Und jeder Energieräuber wird schon beim ersten Blick auf Ihre strahlende Aura erkennen, dass er bei Ihnen keine Chance bekommt.

Erste Stufe: Stärken Sie Ihre Aura in der Säule aus Licht

Sicher erinnern auch Sie sich noch an die sonderbaren Legenden von »Säulenheiligen«, die uns im Religionsunterricht erzählt wurden. In biblischer Zeit, so hieß es dort, hätten heilige Männer monatelang auf hohen Säulen gekauert, um durch solche Askese ihre Frömmigkeit zu beweisen.

Ich muss damals vielleicht zwölf Jahre alt gewesen sein, und schon zu jener Zeit spürte ich, dass diese Geschichten irgendwie nicht stimmig waren. Warum sollten die Heiligen ausgerechnet auf Säulen klettern und dort lange Zeit in größter Unbequemlichkeit verharren? Die Antwort des Religionslehrers (»aus lauter Hoffart«) überzeugte mich keineswegs, doch es dauerte viele Jahre, bis ich auf eine (für mich) überzeugendere Erklärung stieß.

Die Säulenheilige
Die Lösung des Rätsels erreichte mich, wie in meinem Leben so viele Offenbarungen, in einem Traum. Damals

beschäftigte mich die Lebenskrise von Monica M., einer attraktiven jungen Frau Ende zwanzig, die mich als spirituelle Energie- und Lebensberaterin konsultiert hatte. Monica wollte sich von ihrem Ehemann trennen, der nicht bereit war, sie auf ihrem spirituellen Wachstumspfad weiter zu begleiten. (Manchmal haben wir keine andere Wahl, als die hinter uns zu lassen, die unsere Entwicklung hemmen.) Ihr Partner sträubte sich gegen diese Entscheidung und bedrängte Monica, zu ihm zurückzukehren. Da sie sich weigerte, ging er dazu über, sie mit verschiedenen Drohungen unter Druck zu setzen.

Als sie mich zum ersten Mal aufsuchte, war Monica ziemlich verstört. Als Erstes machte ich mit ihr einige Übungen zur Aurastärkung. Diese Konsultation verlief recht turbulent: Die verängstigte Klientin brach mehrfach in Tränen aus, und nach einiger Zeit stand auch noch ihr erboster Gefährte vor der Tür und verlangte von meiner Assistentin, mit Monica sprechen zu dürfen. Obwohl die Assistentin ihn rasch wieder vertrieb, war seine dröhnende Stimme doch bis in mein Sprechzimmer zu hören, was nicht eben zur Beruhigung von Monica beitrug.

Kurz nach dieser stürmischen Sitzung also träumte ich, dass Monica aufs Neue von ihrem Ex verfolgt wurde. Sie floh vor ihm über eine Art Trümmerfeld, und da erkannte ich, dass es sich um »alttestamentarische Ruinen« handelte. Allerorten ragten verwitterte Säulen empor, aber da war eine Säule, wenige Schritte vor der Fliehenden, die sich von allen anderen unterschied: Diese Säule schien nicht aus Stein, sondern aus schierem Licht zu bestehen. Monica berührte die Säule mit beiden Händen, und da teilte sich das Licht und ließ sie ein. Nun stand sie in der strahlenden Säule, sichtbar wie hinter Glas und von Licht überflutet, und als der Mann sie erreichte und ihr zu folgen versuchte, prallte er an der Lichtwand ab wie an Panzerglas.

Monica aber lächelte in meinem Traum, und da begann sie in der Säule aus Licht aufwärts zu schweben – bis sie endlich weit oben auf der leuchtenden Säule saß. Eine Säulenheilige!, dachte ich und erwachte im selben Augenblick.

Natürlich lag neben meinem Bett wie in jeder Nacht mein Traumtagebuch. So konnte ich sofort diesen eindrucksvollen Traum aufschreiben, dem ich die Lösung des Rätsels der »Säulenheiligen« verdanke und auf dem die folgende Übung zur Aurastärkung beruht. Denn die Lichtsäule in meinem Traum war nichts anderes als ein wunderbar genaues Bild unserer Aura, die uns schützend umhüllt, uns zugleich (daher die Erhebung auf die Säule) mit unserem Höheren Selbst verbindet und daher wohltuend harmonisiert.

Übung: Die Lichtsäule

Begeben Sie sich an einen ruhigen Ort, an dem Sie nicht gestört werden können. Das Licht sollte gedämpft, jegliche Lärmquellen sollten ausgeschaltet sein. Setzen oder legen Sie sich bequem hin und schließen Sie die Augen. Atmen Sie langsam und regelmäßig ein und aus, bis Ihre körperlichen Spannungen sich lösen und Ihre Aufmerksamkeit sich Ihrer inneren Welt zukehrt.

Stellen Sie sich nun vor, dass Sie mit Ihrem »Dritten Auge« – dem geistigen Sehorgan in Ihrer Stirn, zwischen Ihren physischen Augen – eine Stätte sehen, die für Sie der Inbegriff des sicheren und Glück bringenden Ortes ist.

Wie diese Stätte beschaffen ist, hängt von individuellen Vorlieben ab. Für den einen mag es eine Waldlichtung sein, für den anderen eine saftige Bergwiese. Oder verbinden Sie die Vorstellung des Glück bringenden, vollkommen sicheren Ortes mit einer Kapelle, einer Grotte, einem kleinen Park? Nehmen Sie sich die Zeit, Ihren Ort zu finden. Stellen Sie ihn sich genau vor, bis Sie ihn lebhaft vor Ihrem geistigen Auge sehen. Und dann gehen Sie hinein.

Spüren Sie, wie wohl Sie sich darin fühlen. Empfinden Sie, wie die milde Luft dort Ihre Haut streichelt, fühlen Sie den Boden unter sich, saugen Sie den köstlichen Geruch ein, den diese Stätte verströmt.

Der Lebensbaum

Wie dieser Ort auch sonst beschaffen sein mag, allmählich erkennen Sie, dass sich in seiner Mitte eine Achse befindet – eine Säule, die sich senkrecht aus dem Zentrum Ihrer Stätte erhebt und bis hinauf in den Himmel reicht. Diese Achse ist der Lebensbaum in Ihrem Inneren, der Sie in der Erde verwurzelt und mit dem Himmel der Spiritualität hoch über Ihnen verbindet. Sehen Sie sich diese Achse genau an: Sie ist dicker als eine hundert-

jährige Eiche, sie wirkt ungemein solide und vertrauens-
würdig, doch nun erkennen Sie: Ihr Lebensbaum leuchtet wie ein turmdicker Sonnenstrahl; er scheint massiv
wie uraltes Holz zu sein und besteht doch aus schierer
Energie, aus weißem Licht, das stark und gemächlich
pulsiert.

Im Inneren der Lichtachse

Nun treten Sie in die Lichtsäule ein. Machen Sie sich bewusst, wie Sie in den senkrechten Lichtschacht eindringen und wie die Strahlen zugleich Ihren Körper sanft
durchdringen. Öffnen Sie den Mund, breiten Sie die Arme aus und lassen Sie das Licht in sich ein.

Spüren Sie, wie die Strahlen Ihre Aura massieren, wie
beide sich knisternd und prickelnd vermischen und Ihre
Aura allmählich so strahlend wie das Licht der Säule
wird. Sehen Sie, wie Ihre Aura sich fließend bewegt, wie
jede einzelne Farbe in Ihrem Energiemantel strahlender,
glanz- und ausdrucksvoller wird.

Fühlen Sie, wie Ihre Aura sich ausdehnt. Ertasten Sie
(gleich, ob mit Ihren körperlichen oder geistigen Fingern) ihren Umfang und ihre Kontur. Machen Sie sich
bewusst, dass Ihre Aura von ovaler Form ist – von der
Gestalt des Eis, der Urform allen Lebens.

Streichen Sie nun mit den Händen sorgsam überall
auf Ihrer Aura entlang. Unterstützen Sie diese Untersu-
chung mit Ihrem geistigen Auge: Bemerken Sie irgendwo eine Stelle, an der die Energie weniger frei fließt oder
gar stockt, oder einen Punkt, der von matter Farbe, möglicherweise sogar grau oder schwarz ist? Untersuchen Sie

solche Stellen mit besonderer Sorgfalt, und massieren Sie Ihre Aura, bis sie auch dort wieder in leuchtenden Farben erstrahlt.

Mit gespreizten Händen striegeln und kämmen Sie nun Ihre Aura. Stellen Sie sich vor, dass sie aus einem Gewebe reinen Lichtes besteht, das Sie von Kopf bis Fuß umhüllt. Ziehen Sie dieses Gewebe behutsam auseinander, erproben Sie, wie weit es sich ausdehnen lässt, und bringen Sie es in die Form, die Ihnen am meisten zusagt.

Affirmation
Sagen Sie mehrfach, laut oder im Stillen:

»Ich bin gegen jeden psychischen Angriff gewappnet – einzig positive Energien dringen durch meinen Schutzschild ein.«

Wiederholen Sie diese Affirmation so lange, bis Sie vollkommen sicher sind, dass Ihr energetischer Schutzschild Sie zuverlässig beschirmt.

Begegnung mit dem Höheren Selbst
Eingehüllt in Ihre eiförmige Aura befinden Sie sich weiterhin im Inneren Ihres energetischen Lebensbaumes. Ehe Sie diese Lichtsäule wieder verlassen, sollten Sie mit Ihrem Höheren Selbst in Verbindung treten (wobei Sie die Affirmation zwanglos wiederholen).

Machen Sie sich bewusst, dass Sie nun langsam in der Lichtsäule emporschweben. Diese Energieachse im Zentrum Ihres Selbst verwurzelt Sie in der materiellen Welt und verbindet Sie zugleich mit der spirituellen Ebene

Ihrer Existenz. Spüren Sie, wie Sie in der Lichtachse immer weiter aufwärts schweben, bis Sie ganz oben angekommen sind. Erleben Sie, wie Sie für einen Augenblick mit Ihrem Höheren Selbst verschmelzen: Gleich einem (oder einer) Säulenheiligen sitzen Sie mit gekreuzten Beinen oben auf der Lichtsäule und schauen auf Ihren Glück bringenden Ort hinab. Sehen Sie, wie wunderschön er ist, wie das Licht ihn erleuchtet.

Bedenken Sie in Demut, dass Ihr Höheres Selbst ungleich mächtiger und weiser ist als das kleine Ich, dessen Sie sich normalerweise nur bewusst sind: Es ist Ihre Verbindung zur Weisheit der Schöpfung; es symbolisiert Ihre Unsterblichkeit. Durch Ihr Höheres Selbst haben Sie an der universellen Energie teil, und solange Sie mit ihm in Verbindung stehen, verfügen auch Sie über unerschöpfliche Energiereserven und sind zu außerordentlichen Taten und Einsichten fähig.

Lösen Sie sich langsam wieder von Ihrem Höheren Selbst, und spüren Sie, wie Sie in der Lichtsäule wieder abwärts schweben.

Ausklang und Wiederholung

Nachdem Sie wieder auf dem Boden Ihrer Lichtsäule angekommen sind, vergewissern Sie sich noch einmal, dass Ihre Aura Sie intakt und strahlend umgibt. Sie sind in Sicherheit. Sie haben die Weisheit Ihres spirituellen Selbst gespürt. Sie sprühen vor Energie. Nichts und niemand kann Sie Ihrer Energie berauben.

In diesem Bewusstsein treten Sie nun aus Ihrem leuchtenden Lebensbaum hinaus. Verlassen Sie Ihre

Glück bringende Stätte und kehren Sie langsam in die äußere Wirklichkeit zurück.

Öffnen Sie die Augen. Sehen Sie Ihre Aura? Sie glänzt und pulsiert, sie umhüllt Sie von nun an für immer als unzerstörbare Schutzschicht aus pulsierendem Licht.

Ich empfehle Ihnen, diese Übung in den ersten Wochen einmal täglich (morgens oder abends) auszuführen. Später sollte es ausreichen, wenn Sie einmal wöchentlich oder sogar einmal im Monat in Ihre innere Lichtsäule treten und Kontakt mit Ihrem Höheren Selbst aufnehmen. Eines Tages werden Sie spüren, dass das Bewusstsein einer intakten Aura Sie ständig begleitet.

Zweite Stufe: Reinigen Sie Ihre Aura

Nicht nur unseren Körper, auch unsere Aura sollten wir regelmäßig reinigen. Dieser energetische Filter hält tagtäglich zahllose Partikel atmosphärischer Verschmutzung von uns ab. An Tagen, an denen sie viel Stress und Streit, Hektik und Smog erdulden musste, scheint die Aura der meisten Menschen mit negativen Energiepartikeln regelrecht gespickt zu sein. Spätestens dann wird es Zeit für eine gründliche Reinigung.

Menschen, die Auren zu lesen vermögen, können Ihnen nach kurzer Musterung auf den Kopf zusagen, welche Attacken Sie an diesem Tag über sich ergehen lassen mussten – beispielsweise eine unangenehme Begegnung mit einem Menschen, der Ihnen früher einmal nahestand, oder ein Elektrosmog-Bombardement im Groß-raumbüro. Was auch immer wir an besonders turbulenten Tagen erlebt haben: Abends kann es passieren, dass nicht nur unsere Haut, sondern auch unsere Aura vor Erschöpfung und »Verschmutzung« staubgrau aussieht. Der Energiefluss wird hierdurch behindert und an besonders betroffenen Stellen gar blockiert, sodass Energieräuber leichtes Spiel haben.

Übung: Eine Lichtdusche für Ihre Aura

Negative Gedanken und Gefühle, mit denen wir – zum Beispiel bei einer Auseinandersetzung – bombardiert werden, sind wie winzige Nadeln, die sich in der äußeren Schicht unserer Aura verhaken können. Damit sich unser Strahlenmantel optimal regenerieren kann und keine Stachel zurückbleiben, sollten wir unsere Aura in regelmäßigen Abständen reinigen.

Die Aurareinigung lässt sich am leichtesten visualisieren, wenn man sie als kleines Ritual unter der Dusche vollzieht. Natürlich können Sie Ihre Aura nicht wirklich mit Wasser und Seife säubern, aber Sie helfen Ihrer Fantasie auf die Sprünge, wenn Sie sich unter der Brause vorstellen, dass sich ein wohltuender Schauer von Energiepartikeln auf Ihre Aura ergießt.

Vorbereitung des Rituals
Ziehen Sie sich für einige Minuten an einen Ort zurück, wo Sie ungestört sind. Am besten wäre es, wenn Sie sich

hierfür bereits ins Badezimmer begeben könnten, um sich dort in angenehmer Wärme zu entspannen.

Machen Sie sich bewusst, dass Ihre Aura Sie wie stets schützend umgibt. Aber spüren Sie auch, dass sie von den Mühen des Tages ermattet ist. Legen Sie währenddessen Ihre Kleidung ab, um sich, wenn Sie innerlich zur Aurareinigung bereit sind, unter die Dusche zu begeben.

Sanfte Schauer schierer Energie

Stellen Sie das Wasser so ein, dass es als sanfter Schauer oben auf Ihren Scheitel auftrifft, wo sich das Scheitelchakra befindet (siehe Seite 64). Visualisieren Sie, dass es sich bei dem Wasser um leuchtende Energietropfen handelt, die nun die Haut Ihrer Aura reinigen werden. Spüren Sie, wie die Energietropfen sanft über die Außenfläche Ihrer Aura perlen, um diese zu reinigen und mit neuer Vitalität zu erfüllen. Empfinden Sie, wie die Tropfen an Ihrer Aurahaut herabrinnen und allen Schmutz mit sich nehmen. Beobachten Sie, wie die leuchtenden Energietropfen schließlich unten im Ausguss verschwinden – auf dem Weg zurück zum kosmischen Urquell aller Energie, wo auch sie gesäubert werden, um endlich recycelt zu uns zurückzukehren.

Während die Tropfen über Ihre Aurahaut strömen, untersuchen Sie diese sorgsam mit Ihrem geistigen Auge und Ihren geistigen Händen: Entdecken Sie irgendwo noch graue, verhärtete, verschmutzte Stellen? Massieren Sie diese sanft, bis sich auch die letzte Verunreinigung aus der Aurahaut löst und davongeschwemmt wird.

Ausklang und Wiederholung

Wenn Sie das sichere Gefühl haben, dass Ihre Aura vollkommen gereinigt ist, beenden Sie Ihr Duschbad und frottieren Sie sich trocken, bis Ihre Haut so energetisch prickelt, wie Sie dies soeben bei Ihrer vitalisierten Aura gespürt haben.

Wiederholen Sie diese Übung anfangs einmal pro Woche. Später genügt es, das Reinigungsritual immer dann auszuführen, wenn Sie eine Verunreinigung Ihrer Aura spüren.

KAPITEL 4

Ein Turm aus reinem Licht:
So wehren Sie Energievampire ab

Allgemein gesagt sind Energievampire Menschen, die – aus unterschiedlichen Gründen – außerstande sind, für sich selbst genügend Lebensenergie zu produzieren, und die deshalb versuchen, die Vitalressourcen anderer Menschen anzuzapfen. Man könnte also meinen, dass Individuen, die über große Energiemengen verfügen, bevorzugte Opfer von Energieräubern seien. Das Gegenteil trifft jedoch zu: Je mehr Energie Sie selbst in sich erzeugen können, desto leichter und wirksamer können Sie sich gegen Angriffe von Energievampiren verteidigen.

Wenn unsere Energietanks randvoll gefüllt sind, können wir nicht nur spontan jede vampiristische Aggression abwehren; wir vermögen dann den geistigen Schutzschild unserer Aura notfalls sogar auf Dritte auszudehnen – etwa auf unsere Kinder oder auf kranke Menschen in unserer Obhut –, die ohne energetische Soforthilfe wehrlos wären.

Daher lautet mein erster Ratschlag für alle Klienten, die sich an mich wenden: Bauen Sie durch regelmäßige geistige und Körperarbeit kontinuierlich Energie auf, vor allem durch Yoga und Meditation, durch bewusste Ernährung und durch mein Langzeitprogramm zum Energieaufbau, das ich Ihnen zum Abschluss dieses Buches vorstellen werde.

So schützen Sie sich gedankenschnell vor Aggressoren

Wir alle kennen, aus Erzählungen oder eigener Erfahrung, jene unangenehmen bis bedrohlichen Situationen, in die man mitten im Alltag aus heiterem Himmel geraten kann. Wir gehen spät abends nach Hause, nähern uns unserer Haustür, da tritt uns eine dunkle Gestalt in den Weg. Wir hören ein Klingeln an der Tür, und als wir öffnen, steht ein Mann vor uns, mit einer Miene, die seine eindeutig feindseligen Absichten verrät. Wir stellen unseren Wagen in einem düsteren Parkhaus ab, in dem plötzlich die Schatten lebendig werden …

In solchen und vielen anderen Fällen hat sich (zusätzlich zu konventionellen Vorsichtsmaßnahmen!) die Notfallvariante der Übung »Die Lichtsäule« (siehe 3. Kapitel) sehr bewährt. Wer gelernt hat, diese Lichtsäule spontan zu visualisieren, ist normalerweise selbst gegen unmittelbar drohende Aggressionen gewappnet. Das gelingt allerdings nur dann, wenn wir uns mit der undurchdringlichen Lichtsäule gedankenschnell zu umhüllen vermögen – praktisch schon in dem Augenblick, bevor der Angreifer sich entschließt, uns zu attackieren.

Gehen Sie in einem solchen Notfall bitte folgendermaßen vor:

- Imaginieren Sie vor Ihrem geistigen Auge, dass die Säule aus Licht auf Sie herabsinkt.
- Beobachten Sie, wie sich diese Lebensachse aus reiner Energie von oben rasch über Sie stülpt.
- Spüren Sie, wie die Strahlenwände um Sie herum pfeilschnell hinabschweben.
- Vergewissern Sie sich, dass der Turm aus Licht Sie undurchdringlich umgibt.
- Nun fassen Sie den potenziellen Aggressor durch die durchsichtige Lichtwand hindurch in den Blick. Dabei können Sie ganz gelassen bleiben, denn Sie wissen, dass Sie geschützt sind und er Ihnen keinen Schaden zufügen kann.
- Sagen Sie, laut oder im Stillen, mehrmals: »Die Säule aus Licht umhüllt und beschützt mich. Einzig positive Energien dringen durch die Lichtsäule ein.«
- Fühlen Sie, wie Sie in dem Turm aus Licht zu Ihrem Höheren Selbst emporschweben, das als »Säulenheilige(r)« hoch oben auf Ihrer Lichtachse sitzt. Verbinden Sie sich mit Ihrem Höheren Selbst, empfinden Sie seine Weisheit und Macht, die allen sterblichen Individuen weit überlegen ist.
- Beobachten Sie aus dieser Höhe Ihren potenziellen Angreifer: In der Regel wird er sich spätestens jetzt abwenden, da er (meist unbewusst) erkennt, dass er Ihnen keinen Schaden zufügen kann.

Nachdem Sie sich vergewissert haben, dass die Gefahr überstanden ist, können Sie in Ihrem Lichtturm wieder nach unten schweben. Vorher aber sollten Sie Ihrem Höheren Selbst für seinen Schutz danken. Wenn Sie wieder den Erdboden erreicht haben, erlauben Sie den Strahlenwänden der Lichtsäule, sich wieder zum Himmel zu erheben. Atmen Sie die Luft, riechen Sie die Gerüche, lauschen Sie den Geräuschen der körperlichen Wirklichkeit. Empfinden sie, wie großartig es ist, in dieser Welt zu leben. Und wie wundervoll, jederzeit mit seinem Höheren Selbst in Kontakt treten zu können.

So dehnen Sie Ihren Auraschutz spontan auf Dritte aus

Wenn Sie über einen gewissen Überschuss an psychischer und körperlicher Energie verfügen, können Sie in Notlagen auch wehrlose Dritte an Ihrer schützenden Aura teilhaben lassen. Tatsächlich sind wir, je weiter wir auf unserem spirituellen Wachstumspfad vorankommen, desto leichter in der Lage, unsere Aura weit über den Umfang unserer Persönlichkeit hinaus auszudehnen, ohne uns dabei energetisch zu verausgaben. Daher können Kundige, wenn auch nur vorübergehend, Schutzbefohlene gegen Angriffe von Energievampiren verteidigen – vor allem kleine Kinder, aber auch kranke oder aus anderen Gründen wehrlose Dritte, die sich in unserer Obhut befinden bzw. unsere Fürsorge benötigen.

Kleinkinder (etwa bis zum dritten Lebensjahr) genießen ohnehin von Natur aus den mütterlichen Auraschutz. Wenn die Kinder in den folgenden Jahren körperlich wachsen, dehnt sich auch die gemeinsame Aura langsam aus, bis etwa im dritten, vierten Lebensjahr das Kind eine eigene – anfangs noch zarte – Aura zu entwickeln beginnt. Ungefähr mit fünf oder sechs Jahren verfügt das Kind über seinen eigenen Auraschutz, nachdem sich die beiden Auren allmählich voneinander gelöst haben. Jedoch ist die Aura von Kindern und selbst von Jugendlichen bis fünfzehn, sechzehn Jahren noch immer recht »schütter« und bietet einem erwachsenen Angreifer normalerweise wenig Widerstand. Das Gleiche gilt natürlich auch für körperlich kranke oder alte Menschen: Ihre Auren besitzen nur wenig Abwehrkraft, zumal sie oftmals porös und mit Auranarben übersät sind – den Malen eines langen Lebens, in dem sie manchen Schlag einstecken mussten.

Wenn Sie sich in Begleitung von Kindern, kranken und/oder alten Menschen befinden und auf einmal des potenziellen Angriffs eines Energieräubers gewahr werden, kann es also erforderlich sein, dass Sie Ihre Aura spontan auf Ihre Schutzbefohlenen ausdehnen. Hierbei gehen Sie bitte folgendermaßen vor:

• Um Ihre schützende Aura auf einen Säugling oder ein Kleinkind auszudehnen, nehmen Sie das Kind auf den Arm und drücken Sie es an sich. Um Ihren Auraschutz auf einen kranken und/oder alten Erwachsenen auszudehnen, legen Sie möglichst beide Arme um ihn oder sie.

• Atmen Sie nun rasch mehrmals tief ein und aus, und spüren Sie dabei, wie Ihre Aura sich explosionsartig ausdehnt. Wie ein weiter Mantel oder eine große Decke entfaltet sich Ihre Aura und schmiegt sich schützend um Sie und die Menschen in Ihrer Obhut.

• Machen Sie sich bewusst, dass Ihre Aura Sie selbst und Ihre Schutzbefohlenen undurchdringlich umgibt. Sagen Sie, laut oder im Stillen für sich, mehrmals hintereinander: »Meine Aura beschützt mich und die Menschen in meiner Obhut. Wir sind frei von allem Leid.«

Wenn die Gefahr überstanden ist, lassen Sie Ihre Arme noch einen Moment lang um Ihren Schützling geschlungen. Atmen Sie langsam und regelmäßig ein und aus. Spüren Sie, wie Ihre Aura sich mit jedem Ausatmen wieder zusammenzieht, bis sie sich erneut fest an Ihren Körper schmiegt. Nun erst lösen Sie sich langsam von der Person, die Sie im Arm gehalten haben.

So überfluten Sie einen Angreifer mit Energie

Sind Sie ein »Energiekrösus«, der außerdem den Fluss seiner Energien exakt kontrollieren kann? Dann möchte ich Ihnen hier noch eine Methode zur Abwehr von Energievampiren empfehlen, die sich schon in biblischen Zeiten bewährt hat: Überschwemmen Sie den Angreifer mit Ihrer Liebe.

Eine Panne in den Favelas

Obwohl seither viele Jahre vergangen sind, empfinde ich noch heute ein leises Gruseln, wenn ich mich an die verwahrlosten Straßenzüge am Rande von Mexico City erinnere, wo mich einst ein Missgeschick ereilte: Eben fuhr ich über eine Kreuzung und bog in eine besonders holprige Straße ein, da ging ohne jede Vorwarnung der Motor meines Autos aus und ich musste an den Straßenrand rollen. Augenblicklich eilte eine Gruppe halbwüchsiger Burschen herbei und umringte meinen kleinen Honda. Sie wirkten alles andere als vertrauenerweckend, mit ihren muskulösen, in erstaunlichen Mustern und Farben tätowierten Armen und den Klappmessern, die sie auf- und zuschnappen ließen.

So weit ich sehen konnte, ragten auf beiden Seiten der Straße heruntergekommene Mietblocks auf. In den Rinnsteinen häufte sich der Abfall und auf einem verdorrten Wiesenstück brannte ein Stapel Autoreifen. Es war eine Gegend wie aus den unerquicklichsten Albträumen.

Während ich noch überlegte, was ich nun anfangen sollte, begannen die vielleicht zehn Jugendlichen mit Fingerknöcheln und Fäusten gegen Türen und Fenster meines Kleinwagens zu schlagen. »Yankeelady, kommen raus!«, schrien sie in fehlerhaftem Amerikanisch.

Ich atmete noch einmal tief ein, dann stieg ich aus. Sofort schlossen sich stahlharte Finger um mein rechtes Handgelenk. Ein hochgewachsener junger Mann, zweifellos der Anführer der Gang, zog mich dicht an sich heran. Ich musste meinen Kopf weit zurücklegen, um überhaupt in sein Gesicht sehen zu können, aber ich tat ihm nicht den Gefallen, Angst zu zeigen. Tatsächlich war mir elend vor mühsam unterdrückter Panik, doch ich beschwor mich, mir nichts anmerken zu lassen: keine Angst um meine körperliche Unversehrtheit, keine Sorge wegen der Kreditkarten in meiner Handtasche.

Der Anführer war ein Bursche mit stechendem Blick und einer Tätowierung in Form eines umgekehrten Kreuzes auf der Stirn. Konzentriert und so gelassen wie möglich sah ich ihm in die Augen. Wie ich sofort bemerkt hatte, war seine Aura an den Rändern zwar zornrot, aber in der Fläche wies sie viele graue Flecken und Narben auf. Kein Zweifel, der Junge litt an akutem Energiemangel! Und was immer er von mir fordern würde, in Wahrheit benötigte er nur eines: eine gewaltige Dosis Lebensenergie.

Die Flutwelle der Liebe

Also lächelte ich ihn an. Ich ließ das Gefühl selbstloser, mitleidiger Liebe in mir entstehen, Liebe für diesen heruntergekommenen Burschen, der in seinem jungen Leben sicherlich schon Furchtbares erlebt hatte. Und die Liebe in meinem Inneren wurde zu einer Welle, einem Schwall schierer Lebensenergie, den ich mit der Wucht einer Sturmwoge auf ihn niedersausen ließ.

Ich lächelte noch immer, als der Anführer mein Handgelenk auf einmal losließ. In seinem Gesicht erschien ein Grinsen, das ziemlich töricht, aber vollkommen harmlos, ja kindlich wirkte. Immer noch konzentrierte ich mich auf das Gefühl, diesen Jungen zu lieben, mit selbstloser, nonnenhafter Liebe, und wieder spürte ich, wie eine gewaltige Energiewelle von mir zu ihm hinüberschoss.

»José«, befahl er mit krächzender Stimme einem seiner Kumpanen, »reparier den Wagen der Señora – du kennst dich doch mit Autos aus!«

Nur zu gern hätte ich auch dem kleinen José eine Extraration meiner Lebensenergie zukommen lassen, aber meine Vorräte gingen zur Neige. Unverändert zwang ich mich, Energie in die Richtung des Anführers zu schicken, doch in meinem Innersten fühlte ich, wie mich eine furchtbare Erschöpfung überkam.

Glücklicherweise gehorchte der mechanisch begabte Nachwuchsgangster seinem übertölpelten Boss aufs Wort und glücklicherweise musste er nur ein Kabel, das sich gelöst hatte, unter der Motorhaube wieder befestigen. Daher saß ich wenige Minuten später wieder in meinem Wagen und jagte davon, ehe der Anführer und seine Leute begriffen, wie ihnen geschehen war.

Liebe siegt über Hass und Gewalt
Ob der Anführer jemals verstanden hat, was bei dieser Konfrontation passiert war? Ich hoffe es sehr für ihn, denn dann hätte er ein elementares Gesetz des Kosmos begriffen. Ich jedenfalls hatte damals blitzartig erkannt, dass er mir Lebenskraft rauben wollte, um sein dramatisches Energiedefizit zu beheben. Daher hatte ich »freiwillig« Energie in seine Richtung strömen lassen, einfach dadurch, dass ich mir suggerierte, diesen gefährlichen Burschen auf altruistische Weise zu lieben. Natürlich

hätte mir diese Autosuggestion allein nichts genutzt, sie gelang nur deshalb, weil meine Energietanks gut gefüllt waren. So konnte ich ihm geben, was er unbewusst von mir verlangte, und zwar in solchen Mengen, dass meine Liebe ihn regelrecht ertränkte. Das Ergebnis war eindrucksvoll: Seine aggressive Spannung erlahmte und sein Verstand war benebelt von den Emotionen, die ihn überschwemmten.

Aber diese Methode zur Abwehr von Energievampiren kann man allenfalls wenige Minuten lang durchhalten. Hätte José für die Reparatur meines Wagens auch nur ein wenig länger gebraucht, ich wäre wie ein leerer Ballon zu Boden gesunken. Und spätestens dann hätte sich der Anführer, frustriert durch das Versiegen des Energiestroms, auf seine gewöhnlichen Raubmethoden besonnen.

Alles in allem kann ich Ihnen also nur mit einigen Vorbehalten empfehlen, diese aufwendige Verteidigungsmethode anzuwenden. Dennoch macht der geschilderte Zwischenfall deutlich, dass die großen Religionen und Heiligen mit ihrer Botschaft der Liebe ohne Zweifel Recht haben: Die Liebe ist die stärkste Macht im Universum, denn Liebe ist reine Lebensenergie. Wer an dieser Energie teilhat, lässt sofort von jeder Aggression ab. Eine Erkenntnis, die man auch umkehren kann: Bei praktisch allen Konflikten zwischen Menschen geht es um Lebensenergie, das kostbarste Gut des Universums.

KAPITEL 5

Meine subtilen Energiezentren:
Meditationen zur Visualisierung der Chakras

In der zweiten Hälfte des 20. Jahrhunderts haben immer mehr Menschen auch im Westen den spirituellen Pfad entdeckt. Durch Meditation, gesunde und bewusste Ernährung, durch schamanische Körperarbeit und viele andere bewusstseinserweiternde Techniken haben wir gelernt, unser Energieniveau zu erhöhen und unseren materiellen Körper mit den subtilen Energiekörpern zu harmonisieren.

Auch die Chakras kann man sehen

Eine Schlüsselrolle kommt hierbei den Chakras zu, den feinstofflichen Mittlern zwischen Energiekörpern und unserem physischen Körper. Sensitive Menschen können die Chakras innerhalb der Aura mühelos orten. Aber auch wer erst in erwachsenen Jahren (wieder) gelernt hat, Auren zu sehen, ist nach einiger Übung imstande, diese subtilen Energiezentren im Strahlenmantel jedes Individuums zu erkennen.

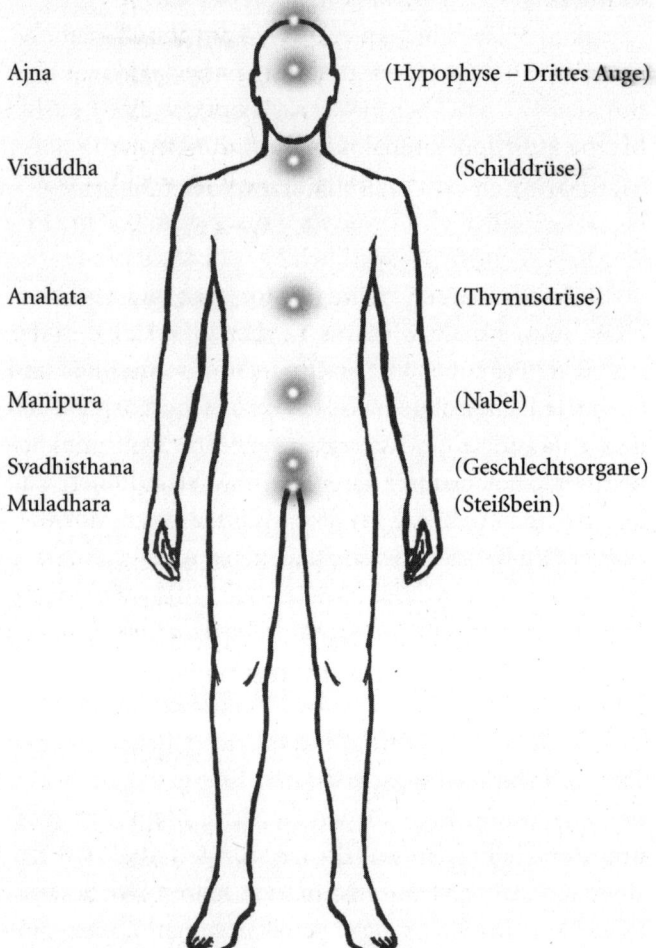

Sahasrara (Scheitel)

Ajna (Hypophyse – Drittes Auge)

Visuddha (Schilddrüse)

Anahata (Thymusdrüse)

Manipura (Nabel)

Svadhisthana (Geschlechtsorgane)
Muladhara (Steißbein)

Abbildung 4
Anordnung der Chakras

Wo befinden sich die einzelnen Chakras?

Auch zu Anzahl und Hierarchie der Chakras gibt es unterschiedliche Ansichten. Nach meiner Erfahrung hat es sich jedoch unzählige Male bewährt, in der Hauptsache von den sieben Chakras der klassischen indischen Lehre auszugehen. Auf einer Linie, die vom Scheitel abwärts entlang der Wirbelsäule verläuft, sind sie innerhalb der menschlichen Aura folgendermaßen verteilt *(siehe Abbildung 4)*:

- Sahasrara (Scheitel)
- Ajna (Hypophyse – Drittes Auge)
- Visuddha (Schilddrüse)
- Anahata (Thymusdrüse)
- Manipura (Nabel)
- Svadhisthana (Geschlechtsorgane)
- Muladhara (Steißbein)

Strahlenrädchen und »schwarze Löcher«

Sind Sie (noch) nicht imstande, die Chakras in Ihrer Aura oder den Auren anderer Menschen wahrzunehmen? Kein Problem: Visualisieren Sie diese Energiezentren einfach als kleine Strahlenrädchen oder Blütenkränze, die um einen Wirbel aus Licht rotieren. Je schneller das betreffende Chakra sich dreht, desto mehr Energie wird von den Energiekörpern in die entsprechende Region des physischen Körpers transferiert. Oftmals drehen sich Chakras so schnell, dass sie reglos zu verharren scheinen und nur ein gleißender Strahlenkranz um ein »weißes Loch« herum zu sehen ist, aus dem Lichtfunken sprühen. Durch diese Schleusen zwischen der physischen und der geistigen Welt strömt die kostbare kosmische Energie ein. Hier können allerdings auch unerwünschte Energieräuber eindringen.

Chakras, die blockiert sind oder sich nur mühsam bewegen können, ähneln dagegen schwarzen oder grauen Punkten im Strahlenmantel unserer Aura. Auch durch solche blockierten Schleusen können Energieräuber in unser Energiefeld eindringen, da an diesen Stellen – sozusagen den »schwarzen Löchern« innerhalb des Mikrouniversums, das jedes Individuum darstellt – der Aura-Abwehrschutz versagt.

Wenn die Chakras nicht richtig funktionieren

Nicht nur unsere physischen Organe können erkranken, auch die Chakras vermögen ihre Aufgabe nur dann einwandfrei zu erfüllen, wenn sie intakt und in gutem Zustand sind. Wenn die Chakras nicht richtig funktionieren, können sich rasch negative Folgen für unser körperliches und seelisches Befinden einstellen.

Wenn die Chakras insgesamt zu wenig Lebensenergie erzeugen, besteht die Gefahr, dass schleichender Energiemangel die Betroffenen (denen dieses Problem oftmals nicht bewusst ist) energetisch auszehrt. So kann es beispielsweise sein, dass die für Sexual- und Gefühlsenergie zuständigen Chakras (Anahata – Manipura – Svadhisthana) unzulänglich arbeiten – mit der Folge, dass man sich ständig erschöpft und kraftlos fühlt und unfähig ist, sich für eine Aufgabe zu engagieren, sich selbst und andere Menschen zu lieben.

Damit wir unser Potenzial auf allen Ebenen ganzheitlich entwickeln können, muss auch die Energieerzeugung und -verteilung zwischen den Chakras optimal harmonisiert sein. Sicher kennen auch Sie Leute, denen es an Bodenhaftung mangelt und die dazu neigen, die Realität der irdischen Gegebenheiten zu verkennen: Bei den meisten von ihnen wird mit ziemlicher Sicherheit das Wurzelchakra blockiert sein. Ebenso sind Ihnen wohl auch schon solche Zeitgenossen begegnet, die in ungewöhnlichem Maß im Triebleben verhaftet scheinen. Diese Individuen sind in der Regel außerstande, Empfindungen wie Mitgefühl und Empathie zu entwickeln und die spirituellen Dimensionen ihres Lebens und ihrer Persönlichkeit zu entfalten. Denn ihr Sexualchakra (Svadhisthana) produziert erheblich mehr Energie als die höheren Chakras (Sahasrara – Ajna – Visuddha): Die Balance zwischen den subtilen Energiezentren ist in empfindlicher Weise gestört.

Durch einige bewährte Übungen können wir die Energieverteilung zwischen unseren Chakras leicht und wirkungsvoll harmonisieren und auf diese Weise sehr viel für unser leibliches, seelisches und geistiges Wohl tun.

Übung: So öffnen Sie Ihre Chakras

Begeben Sie sich an einen Ort, an dem Sie bequem liegen können und nicht gestört werden. Legen Sie sich (auf dem Fußboden, einer Couch oder Ihrem Bett) auf den Rücken und atmen Sie langsam und regelmäßig ein und aus, bis Sie spüren, dass Ihre körperlichen Spannungen sich lösen, Ihre Aufmerksamkeit sich Ihrer inneren Welt zukehrt und Sie Ihre innere Mitte wiederfinden.

Visualisieren der einzelnen Chakras
Stellen Sie sich vor, dass auf Ihrer Wirbelsäule und über den oberen Endpunkt dieser Linie hinaus bis zum Scheitel sieben zauberhafte Blumen in leuchtenden Farben blühen. In der fernöstlichen Tradition handelt es sich um Lotosblumen, aber vielleicht sind es für Sie andere Blumen, Rosen oder Orchideen, zu denen Sie sich auch in der äußeren Wirklichkeit seit jeher hingezogen fühlen. Sehen Sie sich die Blumen und ihre Umgebung mit Ihrem geistigen Auge genau an: Bei den einen wachsen sie in einer Rabatte inmitten einer weiten Wiese, andere sehen ihre Chakras als Reihe von Seerosen auf der Oberfläche eines schmalen Baches, der sich durch sanfte Auen schlängelt.

Fühlen Sie, wie die Sonne, dieser mächtige Spender und Transformator kosmischer Energie, mit wohlig wärmenden Strahlen auf der Linie entlangstreicht, in der Ihre Blumen wachsen.

Spüren Sie, wie die Sonnenstrahlen als Erstes die unterste Blume berühren: das Wurzelchakra Muladhara, dessen Blütenblätter sich unter dieser stärkenden Berührung weit öffnen.

Gemächlich gleiten die Strahlen der Sonne weiter. Empfinden Sie, wie die Sonnenstrahlen über das Sexualchakra Svadhisthana streichen, deren Blütenblätter sich unter dieser stärkenden Berührung weit öffnen.

Behutsam gleiten die Sonnenstrahlen auf der Reihe Ihrer Blumen weiter. Empfinden Sie, wie sie das Nabelchakra Manipura erreichen und diese dritte Blume bescheinen, deren Blütenblätter sich unter dieser stärkenden Berührung weit öffnen.

Langsam bewegen sich die Sonnenstrahlen auf der Reihe Ihrer Chakrablüten weiter. Empfinden Sie, wie die Sonne das Brustchakra Anahata erreicht und über diese dritte Blume streicht, deren Blütenblätter sich unter dieser stärkenden Berührung weit öffnen.

Behutsam gleitet die Sonne weiter. Spüren Sie, wie die Strahlenfinger über das Halschakra Visuddha fahren, dessen Blütenblätter sich unter dieser stärkenden Berührung weit öffnen.

Zielstrebig bewegen sich die Sonnenstrahlen weiter auf der Linie Ihrer Chakrablumen entlang. Empfinden Sie, wie die Sonne über das Stirnchakra Ajna gleitet, dessen Blütenblätter sich unter dieser stärkenden Berührung weit öffnen.

Schwerelos gleitet die Sonne weiter voran. Fühlen Sie, wie die Strahlenfinger über dem Scheitelchakra Sahasrara schweben, deren Blütenblätter sich unter dieser stärkenden Berührung weit öffnen.

Ausklang und Wiederholung

Verharren Sie so für einige Augenblicke, und fühlen Sie, wie die Blütenblätter Ihrer sieben Chakras um deren weit geöffnete Zentren kreisen. Spüren Sie den kosmischen Wind, die wirbelnde Lebensenergie, die in ihren Körper und Ihren Geist gelenkt wird.

Wiederholen Sie diese Übung nach Bedarf, so oft Sie wollen, am besten zum Abschluss Ihrer gewohnten Meditation oder sonstigen spirituellen Praktiken. Versäumen Sie aber auf keinen Fall, sie um die nachfolgenden Übungen zu ergänzen, insbesondere die Übung zum Schließen (und ggf. die zum Schützen) der Chakras im 6. Kapitel.

Übung: So reinigen Sie Ihre Chakras

Nachdem Sie mit der voranstehenden Übung Ihre Chakras geöffnet haben, sollten Sie nun untersuchen, ob sie verunreinigt oder blockiert sind.

Visualisieren der Chakrasäuberung

Stellen Sie sich vor, dass Sie einen »Lichtfön« in Ihrer geistigen Hand halten, einen kleinen Apparat, der einen kräftigen Strom weißer Lichtfunken aus einer Düse bläst.

Nähern Sie diesen Lichtstrom Ihrem Wurzelchakra und blasen Sie mit dem Fön in das geöffnete Innere des Blütenkelchs. Wiederholen Sie diese Reinigung, bis die Blütenblätter rasch und ungehindert um das Zentrum rotieren und aus diesem ebenso helle Funken sprühen wie aus dem Lichtfön in Ihrer Hand.

Wiederholen Sie diese Reinigung nacheinander mit den anderen Chakras: Nähern Sie den Lichtfön dem Blütenkelch Ihres Sexualchakras, und blasen Sie damit hinein. Führen Sie den Lichtfön zu Ihrem Nabelchakra, sodann zum Brust- und zum Halschakra und blasen Sie jedes Mal mit dem Funkenstrahl Ihres Lichtföns in den Blumenkelch, bis dessen Blütenkranz rasch und ungehindert rotiert und aus dem Zentrum jeder Blüte weiße Lichtfunken sprühen. Führen Sie diese Reinigung schließlich auch bei Ihrem Stirn- und Scheitelchakra aus.

Ausklang und Wiederholung

Bleiben Sie sodann noch einige Minuten liegen. Beobachten Sie alle Ihre Chakras und empfinden Sie den kosmischen Wind, die wirbelnde Lebensenergie, die durch die geöffneten und gereinigten Energiezentren erzeugt und in Ihren physischen Körper transferiert wird.

Fahren Sie bei Bedarf mit der Übung zum Schließen der Chakras im folgenden Kapitel fort. Wenn Sie Ihre Chakras zu diesem Zeitpunkt noch nicht schließen möchten, öffnen Sie die Augen und kehren Sie langsam in die äußere Wirklichkeit zurück.

Wiederholen Sie diese Übung im Anschluss an die Öffnung Ihrer Chakras, wann immer Sie das Gefühl haben, dass ein Chakra oder mehrere blockiert oder verunreinigt sind.

KAPITEL 6

Chakras schließen und schützen:
So sichern Sie Ihre Energieschleusen

Wer es gelernt hat, durch regelmäßige Meditation oder andere spirituelle Techniken sein Energielevel zu steigern, verfügt normalerweise über einen ständigen Überschuss an Energie. Dadurch zieht er natürlich auch das Interesse potenzieller Energieräuber auf sich. Die geöffneten Chakras eines solchen Menschen sind wie sprudelnde Energiequellen, die ein Energievampir auch auf große Entfernung bemerkt.

Die Anzahl spirituell bewusster Menschen ist in den zurückliegenden Jahrzehnten stetig gestiegen. Gerade diese Menschen, die es gelernt haben, durch Meditation und andere Techniken ihr Energielevel zu steigern, müssen also spezielle Vorkehrungen treffen, um ihre Chakras vor solchen Schmarotzern zu schützen. Denn wenn wir diese Sicherungsmaßnahmen unterlassen, ähneln wir Goldnuggets, die ohne Bewachung im Ufersand liegen – eine leichte Beute für den Dieb, der auch noch durch das Funkeln des Goldes angelockt wird.

Übung: So schließen Sie Ihre Chakras

Begeben Sie sich an einen Ort, an dem Sie bequem liegen können und nicht gestört werden. Legen Sie sich (auf dem Fußboden, einer Couch oder Ihrem Bett) auf den Rücken und atmen Sie langsam und regelmäßig ein und aus, bis Sie spüren, dass Ihre körperlichen Spannungen sich lösen und Ihre Aufmerksamkeit sich Ihrer inneren Welt zukehrt.

Visualisieren der Chakraschließung
Stellen Sie sich abermals vor, dass auf Ihrer Wirbelsäule – und über den oberen Endpunkt dieser Linie hinaus bis zum Scheitel – sieben zauberhafte Blumen in leuchtenden Farben blühen. Sehen Sie sich die Blumen und ihre Umgebung mit Ihrem geistigen Auge genau an: Bei den einen wachsen sie in einer Rabatte inmitten einer weiten Wiese, andere sehen ihre Chakras als Reihe von Seerosen auf der Oberfläche eines schmalen Baches, der sich durch sanfte Auen schlängelt.

Beobachten Sie, wie die Sonne ihren Lauf umkehrt. Langsam schweben die Strahlenfinger in Gegenrichtung auf der Linie Ihrer Chakrablumen entlang. Wie einem einschlafenden Kind, dem die Mutter zur guten Nacht durchs Haar streicht, fahren die Sonnenstrahlen noch einmal über jeden Blütenkelch.

Schwerelos gleitet die Sonne zurück. Fühlen Sie, wie die Strahlenfinger über das Scheitelchakra streichen, deren Blütenblätter sich sanft und sicher schließen.

Langsam bewegen sich die Sonnenstrahlen weiter auf

der Linie Ihrer Chakrablumen entlang. Empfinden Sie, wie die Sonne über die Blume des Stirnchakras gleitet, deren Blütenblätter sich sanft und sicher schließen.

Behutsam gleitet die Sonne weiter. Spüren Sie, wie die Strahlenfinger über das Halschakra fahren, deren Blütenblätter sich sanft und sicher schließen.

Langsam bewegen sich die Sonnenstrahlen weiter. Empfinden Sie, wie die Sonne über das Brustchakra streicht, dessen Blütenblätter sich sanft und sicher schließen.

Behutsam gleiten die Sonnenstrahlen auf der Reihe Ihrer Blumen weiter. Empfinden Sie, wie sie das Nabelchakra erreichen, dessen Blütenblätter sich sanft und sicher schließen.

Gemächlich gleiten die Strahlenfinger der Sonne weiter. Empfinden Sie, wie die Sonnenstrahlen das Sexualchakra erreichen, dessen Blütenblätter sich sanft und sicher schließen.

Langsam gleitet die Sonne weiter bis zum unteren Ende der Reihe Ihrer Chakrablumen. Fühlen Sie, wie Sonnenstrahlen über das Wurzelchakra streichen, dessen Blütenblätter sich sanft und sicher schließen.

Ausklang und Wiederholung
Nachdem sich alle Chakras geschlossen haben, bleiben Sie noch einige Augenblicke liegen und nehmen Sie die Stimmung der Sicherheit und Geborgenheit in sich auf. Sagen Sie mehrmals, laut oder im Stillen:

»Alle meine sieben Chakrablumen sind fest geschlossen. Meine Energien bleiben mir erhalten – es sei denn, dass ich sie einem anderen Menschen schenken will.«

Öffnen Sie nun die Augen und kehren Sie langsam in die äußere Wirklichkeit zurück.

Diese Übung sollten Sie täglich beziehungsweise je nach intuitiv empfundenem Bedarf ausführen, wenn Sie regelmäßig meditieren oder andere spirituelle Praktiken ausführen – und natürlich vor allem dann, wenn Sie den Verdacht haben, dass ein Energieräuber Sie als »sprudelnde Energiequelle« zu missbrauchen versucht.

Übung: So schützen Sie Ihre Chakras

Möglicherweise haben Sie das Gefühl, selbst nach Schließen der Chakras vor potenziellen Energieräubern noch nicht vollkommen sicher zu sein. Normalerweise sind weitere Sicherheitsvorkehrungen meiner Erfahrung nach nicht erforderlich. Wenn es Ihnen ein besseres Gefühl gibt, spricht jedoch nichts dagegen, auch die folgende Übung durchzuführen.

Vorbereitung
Begeben Sie sich an einen Ort, an dem Sie bequem liegen können und nicht gestört werden. Legen Sie sich (auf dem Fußboden, einer Couch oder Ihrem Bett) auf den Rücken und atmen Sie langsam und regelmäßig ein und aus, bis Sie spüren, dass Ihre körperlichen Spannungen sich lösen und Ihre Aufmerksamkeit sich Ihrer inneren Welt zukehrt.

Visualisieren des Chakraschutzes

Stellen Sie sich Ihre Chakras wiederum als Reihe von Blütenkelchen in leuchtenden Farben vor. Die Blüten sind nach der vorherigen Übung geschlossen und die Abenddämmerung ist weiter fortgeschritten. Mittlerweile ist der Mond aufgegangen, doch noch steht diese mächtige Mittlerin kosmischer Energie und Weisheit so tief am Horizont, dass ihre Strahlen von der Seite her waagerecht auf die Blumenreihe scheinen.

Sehen Sie, wie der tiefstehende Mond Ihre Chakrablumen in eine liegende Säule aus weißem Licht hüllt. Stellen Sie sich vor, dass Sie in Ihrer geistigen Hand einen Zauberstab halten. Schwingen Sie den Zauberstab mit verschlungenen Bewegungen über den Chakrablumen und sagen Sie mehrmals, laut oder im Stillen:

»Säule aus Licht, verwandle dich in Panzerglas.«

Beobachten Sie, wie die liegende Lichtsäule gläsern wird: Als der Mond langsam am Himmel emporsteigt, scheint er auf die Reihe Ihrer geschlossenen Chakrablumen herab, die nun zusätzlich in eine durchsichtige Säule aus massivem Panzerglas gehüllt sind.

Ausklang und Wiederholung

Bleiben Sie noch einige Momente mit geschlossenen Augen liegen und nehmen Sie die Stimmung vollkommener Sicherheit in sich auf. Sagen Sie mehrmals, laut oder im Stillen:

»Alle meine sieben Chakrablumen sind fest geschlossen und hinter Panzerglas gesichert. Ich bin in totaler Sicherheit.«

Öffnen Sie nun die Augen und kehren Sie langsam in die äußere Wirklichkeit zurück.

KAPITEL 7

Das goldene Vlies:
Säubern Sie Ihr Unterbewusstsein

Außen und Innen sind im energetischen Gleichgewicht. Dies ist eines der unveränderlichen kosmischen Gesetze, und es besagt, dass alle Menschen, Dinge oder Konstellationen, die wir in der äußeren Wirklichkeit anziehen, ihre Entsprechung in unserem Inneren haben: Nur durch diese inneren Energien wurden die äußeren Umstände geformt. Umgekehrt können auch in unserer äußeren Wirklichkeit keine negativen Konstellationen wirksam werden, wenn wir gespeicherte negative Energien in unserem Inneren tilgen und Sorge tragen, dass wir keine neuen negativen Energien produzieren.

Daher empfehle ich meinen Klienten, auch eine rituelle Reinigung ihres Unterbewusstseins durchzuführen, um ihren inneren »Schrottplatz« zu entrümpeln. Kaum jemand ist in der Lage, sich voll und ganz so zu akzeptieren, wie er nun einmal ist, und zu jeder einzelnen Tat und jedem Gedanken oder Gefühl aus seiner Vergangenheit zu stehen. Auf der psychischen Schrotthalde der meisten Menschen findet sich daher eine Reihe unangenehmer Dinge: peinliche Erinnerungen, unerfreuliche

Einsichten, inakzeptable Neigungen und vieles andere mehr.

Diese belastende Halde zu entrümpeln heißt aber keineswegs, dass wir die nicht akzeptierten und deshalb verdrängten Aspekte unseres Selbst ein für alle Mal in den Abgrund der Vergessenheit stoßen wollen. Wichtig ist vielmehr, dass wir mit verständnisvollem Blick noch einmal ansehen, was sich in unseren »Katakomben« mit der Zeit angesammelt hat. In vielen Fällen werden wir erkennen, dass wir alte Schwächen längst überwunden haben, weshalb wir uns auch von den entsprechenden »Andenken« beruhigt trennen können. In anderen Fällen wird sich zeigen, dass wir einen verdrängten Aspekt unseres Selbst, den wir lange Zeit abgespalten und weggesperrt hatten, nun endlich integrieren können.

Seien Sie mutig gegenüber den schattenhaften Bewohnern Ihres inneren »Kellers« und zugleich schonungsvoll gegenüber sich selbst: Sie werden niemals mehr Energieräuber anziehen, wenn es Ihnen nur gelingt, sich im ganzheitlichen Sinne mit allen Licht- und Schattenseiten anzunehmen, den Drachen in Ihnen ebenso wie den inneren Engel. Und je weiter Sie auf diesem Weg vorankommen, desto undurchdringlicher wird Ihr unsichtbarer Schutzschild für alle, die sich unberechtigt an Ihren energetischen Ressourcen zu laben versuchen.

Übung: So reinigen Sie Ihr Unterbewusstsein

Viele unserer unterbewussten Erinnerungen und Prägungen sind in unserem Körper (Nerven, Organen etc.) gespeichert. Die Reinigung des Unterbewusstseins schließt daher in ganzheitlichem Sinne neben den geistigen und emotionalen Bereichen auch die somatischen Aspekte unserer Persönlichkeit ein.

Vorbereitung

Begeben Sie sich an einen Ort Ihrer Wahl, wo Sie bequem liegen können und ungestört sind. Legen Sie sich für diese Übung flach auf den Bauch, die Arme seitlich neben dem Körper ausgestreckt, die Beine leicht gespreizt.

Schließen Sie die Augen, und atmen Sie langsam und regelmäßig ein und aus, bis Sie spüren, dass Ihre körperlichen Spannungen sich lösen und Ihre Aufmerksamkeit sich Ihrer inneren Welt zukehrt.

Visualisieren des goldenen Vlieses

Imaginieren Sie vor Ihrem geistigen Auge jene Stätte, die Ihr persönlicher Glück bringender Ort ist. Im Zentrum dieser Stätte befindet sich ein goldenes Vlies – ein weiches Schaf- oder Widderfell mit Haaren aus Gold –, auf dem Sie ausgestreckt auf dem Bauch liegen, mit dem Kopf je nach Vorliebe auf der linken oder rechten Seite ruhend.

Fühlen Sie, wie weich und warm das goldene Vlies ist. Sehen Sie mit Ihren geistigen Augen, wie intensiv golden es leuchtet.

Spüren Sie nun, wie Sie immer tiefer in das goldene Vlies einsinken. Nehmen Sie wahr, dass das Vlies ganz und gar aus Strahlen, Licht und Wärme besteht. Ihr Körper und Ihr Kopf sinken tiefer und tiefer in das leuchtende Energiefeld ein, das zugleich langsam emporschwebt, ein großes, weiches, wärmendes Tuch aus reiner Energie.

Langsam dringen die warmen Strahlen in Sie ein, langsam schwebt das Tuch aufwärts, durch Sie hindurchgleitend, wobei es jede Zelle Ihres Körpers, jede Faser Ihres Wesens, jede Kammer Ihres Unterbewusstseins reinigt.

Zuerst durchdringt es Ihre äußerste Hautschicht – auf den Beinen, auf Brust und Bauch, den Armen, dem Hals, der Seite Ihres Gesichtes, mit der Sie in das Vlies eingesunken sind. Langsam schwebt das goldene Vlies weiter aufwärts und wohlige Wärme durchströmt Sie, ein Gefühl von Lauterkeit und Liebe, während es immer weiter emporschwebt.

Wenn in Ihnen Erinnerungen an lange verdrängte widrige Ereignisse lebendig werden, verharren Sie ruhig einige Augenblicke bei ihnen. Spüren Sie den Schmerz oder die Trauer von damals noch einmal, aber auch die Gelassenheit, mit der Sie heute sagen können: Das alles habe ich letzten Endes doch gemeistert.

Alle alten Bürden, alles Verdrängte, Überwundene, alle alten Schatten und Schwächen nimmt das goldene Energievlies mit sich, indem es weiter und weiter aufwärtsschwebt.

Nun schwebt das goldene Energievlies oben aus Ihrem Rücken und Ihrem Hinterkopf hervor und verharrt einen Moment über Ihrem liegenden Körper. Sehen Sie die schwarzen Schlacken und dunklen Flecken, die das goldene Vlies aus Ihnen herausgefiltert hat? Dies alles sind negative Energien, von denen es Sie gereinigt und befreit hat.

All diese dunklen Flecken nimmt das goldene Vlies mit sich, indem es weiter aufwärtsschwebt, nun dem Himmel entgegen. In den unerschöpflichen Energiepools des Universums wird auch das goldene Vlies wieder gereinigt werden, und wann immer Sie es benötigen, wird es Ihnen in leuchtender Reinheit und mit reinigender Leuchtkraft zur Verfügung stehen.

Ausklang und Wiederholung
Bleiben Sie noch eine Minute mit geschlossenen Augen liegen. Sagen Sie mehrmals, laut oder im Stillen:

»Mein Unterbewusstsein ist von allen alten Schlacken und Flecken gereinigt. In meinem Inneren gibt es nur noch positive Energien. Ich bin rein und frei.«

Öffnen Sie nun die Augen, atmen Sie tiefer ein und aus und kehren Sie langsam in Ihren gewöhnlichen Bewusstseinszustand zurück.

Wiederholen Sie diese Übung so häufig, wie es Ihnen intuitiv notwendig erscheint.

Übung: Gezielte Reinigung mit der Lichtdusche

Diese Übung ist besonders dann geeignet, wenn »energetischer Restschmutz« beseitigt werden soll. Im Unterschied zur ganzheitlichen Reinigung mit dem goldenen Vlies handelt es sich hierbei also eher um ein ergänzendes Ritual, mit dem sich eine punktuelle Verunreinigung gezielt beseitigen lässt.

Vorbereitung

Begeben Sie sich an einen Ort Ihrer Wahl, wo Sie ungestört sind. Am besten wäre es, wenn dieser ungestörte Ort Ihr Badezimmer oder in der Nähe des Badezimmers wäre.

Setzen oder legen Sie sich bequem hin, schließen Sie die Augen und atmen Sie langsam und regelmäßig ein und aus, bis Sie spüren, dass Ihre körperlichen Spannungen sich lösen und Ihre Aufmerksamkeit sich Ihrer inneren Welt zukehrt.

Visualisieren der Lichtdusche

Stellen Sie sich das endlich aufgefundene Stück »Psychoschrott« (die verdrängte Erinnerung, die überwundene Schwäche) möglichst lebendig vor. Versuchen Sie zu orten, wo in Ihrem Inneren es sich körperlich am ehesten lokalisieren lässt:

Liegt Ihnen dieses »Ding« im Magen, drückt es auf die Seele (die Brust, das Herz), macht es Ihnen Kopfweh oder Kopfzerbrechen? Spüren Sie ihm nach, bis Sie die Stelle – oder die Stellen – identifiziert haben, wo es seinen Abdruck hinterlassen hat.

Öffnen Sie nun die Augen und legen Sie Ihre Kleidung ab. Stellen Sie das Wasser auf eine angenehm warme Temperatur ein und treten Sie unter die Dusche.

Nehmen Sie die Brause in die Hand, und stellen Sie sich vor, dass es sich um eine energetisch reinigende Lichtdusche handelt, aus der in weißen Lichttropfen läuternde Energie sprüht.

Richten Sie die Lichtdusche auf die betreffende Körperregion, auch auf ein eventuell in der Nähe befindliches Chakra, und reinigen Sie die Partie bis ins tiefste Innere, indem Sie sie mit der Lichtdusche massieren.

Visualisieren Sie, wie die goldenen Lichttropfen Ihre Haut durchdringen, jede Körperzelle ausspülen und reinigen.

Machen Sie sich bewusst, dass die Lichtdusche den energetischen Schmutz, der so hartnäckig in Ihnen überdauert hat, aus Ihrem Inneren herausspült.

Beobachten Sie, wie die Tropfen an Ihrer Haut herabrinnen und unten im Ausguss verschwinden: Von dort gelangen sie in den unerschöpflichen Energiepool des Universums, um gereinigt zu werden und Ihnen, wann immer Sie eine neue Reinigung benötigen, wieder zur Verfügung zu stehen.

Ausklang und Wiederholung
Beenden Sie Ihr Duschbad, frottieren Sie sich trocken und massieren Sie mit besonderer Aufmerksamkeit die Körperpartie, die Sie soeben mit der Lichtdusche gereinigt haben.

Sagen Sie, laut oder im Stillen, mehrmals:

»Mein Unterbewusstsein ist nun auch von [Kennzeichnung des ›Psychoschrotts‹] gereinigt. In meinem Inneren gibt es nur noch positive Energien. Ich bin rein und frei.«

Wiederholen Sie diese Übung so lange einmal täglich, bis Sie die intuitive Gewissheit erlangt haben, von jener energetischen Verunreinigung vollkommen befreit zu sein.

Beenden Sie Ihr Duschbad, frottieren Sie sich trocken und massieren Sie mit besonderer Aufmerksamkeit die Körperpartie, die Sie soeben mit der Lichtdusche gereinigt haben.

Sagen Sie, laut oder im Stillen, mehrmals:

»Mein Unterbewusstsein ist nun auch von (Kennzeichnung des ›Psychoschrotts‹) gereinigt. In meinem Inneren gibt es nur noch positive Energien. Ich bin rein und frei.«

Wiederholen Sie diese Übung so lange einmal täglich, bis Sie die intuitive Gewissheit erlangt haben, von jener energetischen Verunreinigung vollkommen befreit zu sein.

KAPITEL 8

Die weiße Burg:
sicher vor Energiedieben im geistigen Schutzraum

Arbeiten Sie als Heiler, Helfer oder im kreativen Bereich? Dann kann es leicht passieren, dass Sie durch die Ausübung Ihres Berufes Energieräuber herbeilocken, da Sie in diesen Phasen konzentrierter empathischer Arbeit Ihre subtilen Energiezentren öffnen. Aber unter Umständen genügt es sogar zu meditieren: Bereits durch regelmäßige Übungen zum Energieaufbau oder andere Techniken zur Entwicklung von Bewusstsein und Energieniveau können wir unerwünschte Energieschmarotzer herbeirufen. Daher sollte man sich gerade in solchen Phasen innerer Öffnung in besonderer Weise schützen.

In diesem Kapitel möchte ich Ihnen eine Schutzmaßnahme vorstellen, die es Ihnen erlaubt, unbehelligt Ihre spirituellen Praktiken und beruflichen Tätigkeiten auszuüben. Mithilfe dieser Maßnahmen können Sie nicht nur Ihre Aura wappnen und Ihre Chakras schützen, sondern auch den physischen Raum, in dem Sie meditieren und/oder arbeiten, mit einem unüberwindlichen Lichtwall umgeben.

Wenn Sie also sicher sein möchten, dass kein Schmarotzer auf Ihren energetischen Wiesen weidet, sollten Sie sich durch die folgenden Übungen einen geistigen Schutzraum erschaffen.

Übung: Die weiße Schutzburg

Bei dieser ersten Übung geht es um die Visualisierung geistigen Schutzes für eine beliebige Umgebung, in der wir uns gerade aufhalten, also noch nicht darum, einen bestimmten, physisch vorhandenen Raum (zum Beispiel unser ständiges Arbeitszimmer) geistig zu schützen.

Daher lässt sich diese Übung auch in Notfällen beziehungsweise zur Vorbeugung anwenden: Wenn Sie beispielsweise auswärts in einem Hotel oder sonstigen Haus übernachten, in dessen Umgebung Sie potenzielle Energieräuber vermuten, können Sie den Raum, in dem Sie nächtigen müssen, vorher mithilfe dieser Übung abschirmen.

Vorbereitung
Wählen Sie einen bequemen Sitz- oder Liegeplatz, und sorgen Sie dafür, dass Sie nicht gestört werden. Das Licht sollte gedämpft, jegliche Lärmquellen sollten ausgeschaltet sein. Schließen Sie die Augen, atmen Sie langsam und regelmäßig ein und aus, bis Sie spüren, dass Ihre körperlichen Spannungen sich lösen und Ihre Aufmerksamkeit sich Ihrer inneren Welt zukehrt.

Visualisieren der geistigen Schutzburg

Imaginieren Sie vor Ihrem inneren Auge den Anblick eines weiten Himmels, in dessen Blau vereinzelt große weiße Wolken treiben. Betrachten Sie eine dieser Wolken genauer: Sie hat die Umrisse einer gewaltigen, Vertrauen einflößenden Burg mit hohen Mauern und runden, soliden Türmen an den Ecken.

Beobachten Sie, wie Ihr »Luftschloss« im Sinkflug auf Sie zusegelt. Je näher die Burg kommt, in desto hellerem Weiß erstrahlt sie. Machen Sie sich bewusst, dass Ihre Burg nur scheinbar aus Wolken erbaut ist: Ihre Mauern bestehen aus reiner, funkelnder und leuchtender Energie. Sowohl die Mauern und Türme als auch der Boden Ihrer Schutzburg sind durchsichtig und ein ebenso massives transparentes Energiedach bedeckt die Mauern und den Innenraum. Während die Burg auf Sie herabsinkt, können Sie von unten durch den Boden in die Burg hinein und zugleich durch Wände und Decke den Himmel dahinter sehen.

Erleben Sie nun, wie Ihre weiße Schutzburg durch das Dach des Hauses, in dem Sie sich befinden – gegebenenfalls auch durch die Etagen über Ihnen – hindurchschwebt, bis sie die Zimmerdecke über Ihnen durchdringt.

Steuern Sie Ihre Schutzburg mit dem geistigen Auge und eventuell auch mit Ihren geistigen Händen, bis die Mauern der Schutzburg die Wände Ihres Zimmers von außen umgeben, der Boden der Burg sich unter dem Boden Ihres Zimmers und das Dach der Burg sich über Ihrer Zimmerdecke befindet. Vergewissern Sie sich, dass das Zimmer, in dem Sie sich aufhalten, nun lückenlos von Ihrer energetischen Schutzburg umgeben ist.

Sagen Sie mehrmals, laut oder im Stillen:

»Ich und dieser Raum sind von meiner geistigen Schutzburg umgeben. Einzig positive Energien dringen noch zu mir vor.«

Ausklang und Wiederholung

Bleiben Sie noch einige Minuten mit geschlossenen Augen sitzen oder liegen und erleben Sie so intensiv wie möglich die beruhigende Sicherheit, die Ihre Schutzburg aus weißem Licht Ihnen bietet.

Dann erheben Sie sich, gehen in dem Raum auf und ab und achten darauf, das »Burggefühl« zu erhalten. Vergegenwärtigen Sie sich, dass Ihre Schutzburg aus reiner Energie Sie noch immer umgibt – ob Sie liegen, sitzen oder stehen, ob Sie wachen oder schlafen, ob Ihre Augen geöffnet oder geschlossen sind.

Wiederholen Sie diese Übung, wann und wo immer es Ihnen erforderlich erscheint. An Ihrem heimischen Meditations- und/oder Arbeitsplatz kann sie als Einleitung oder Bekräftigung des Rituals zur Erschaffung eines geistigen Schutzraums dienen (siehe die folgenden Seiten). Wenn Sie auf Reisen sind oder aus anderen Gründen auswärts übernachten, können Sie sich vor dem Einschlafen mit der weißen Schutzburg umgeben.

So erschaffen und reinigen Sie Ihren geistigen Schutzraum: ein Bannritual

Besitzen Sie einen Ort, an dem Sie häufig oder regelmäßig meditieren, andere spirituelle Praktiken ausüben und/oder geistig arbeiten? Oder beabsichtigen Sie, eine solche Stätte für sich einzurichten? Dann sollten Sie diesen Ort durch ein geeignetes Ritual in einen geistigen Schutzraum verwandeln, der für Energieräuber tabu ist. Fortan können Sie dort Ihre Übungen zur Erzeugung körperlicher und mentaler Energien ausführen und Ihre subtilen Energiezentren öffnen, ohne die Attacke eines Energieschmarotzers befürchten zu müssen – und zwar gleichgültig, ob Sie meditieren, andere spirituelle Übungen durchführen, als Heiler oder Helfer arbeiten oder sich kreativen Tätigkeiten hingeben, zum Beispiel als Maler, Dichter oder Komponist.

Bei der Erschaffung und Reinigung unseres geistigen Schutzraums verfahren wir im Prinzip nicht anders als mit unserer Aura, unseren Chakras und unserem Unterbewusstsein: Wir entfernen den etwa dort gespeicherten »Energieschrott« und sorgen so dafür, dass nur noch positive Energien ungehindert zirkulieren können. Durch die rituelle Reinigung wird der betreffende Raum also automatisch zu einem geistig sicheren Ort: Nachdem wir alle energetischen Verunreinigungen beseitigt haben, enthält er nichts mehr, was Energievampire in unserem Seelenraum anziehen könnte.

Vorbereitung

Um unseren Schutzraum vollständig von allen energetischen Verschmutzungen zu säubern, bedienen wir uns der magischen Elemente der klassischen Esoterik: Geist, Luft und Feuer, Wasser und Erde.

Stellen Sie in der Mitte des Zimmers, das Sie in Ihren geistigen Schutzraum umwandeln wollen, ein Tischchen auf, über das Sie eine blütenweiße Decke breiten. Legen Sie für das Ritual fest, auf welcher Seite Sie hinter dem Tisch stehen werden. Ihr Standort sollte so beschaffen sein, dass sich hinter Ihrem Rücken weder eine Tür noch Fenster befinden (notfalls mit einem weißen Tuch verhängen).

Stellen beziehungsweise legen Sie auf den Tisch *(siehe Abbildung 5)*:

• in die Mitte: eine gläserne Kugel, um das Element Geist zu symbolisieren,

• östlich davon (von Ihrem Standort aus gesehen): eine Schale mit Brotkrumen oder Salz, um das Element Erde darzustellen,

• südlich: eine Schale Wasser, welches das magische Element gleichen Namens vertritt,

• westlich: eine weiße Wachskerze nebst Zündhölzern, die für das Element Feuer steht,

• nördlich: eine Schale mit Räucherwerk, die das Element Luft verbildlicht.

Sorgen Sie dafür, dass Sie während des Bannrituals auf keinen Fall gestört werden. Gut wäre es, wenn Sie sich unmittelbar vor dem Ritual der Übung zur Reinigung Ihrer Aura unterzogen hätten (siehe Seite 49 f.).

Begeben Sie sich sodann in den Raum, den Sie in einen geistigen Schutzraum umwandeln möchten und in dem Sie die Symbole für die fünf magischen Elemente vorbereitet haben. Gehen Sie einige Augenblicke langsam auf und ab und konzentrieren Sie sich auf Ihr Vorhaben. Dann treten Sie hinter den Tisch an Ihren vorher gewählten Standort, sodass Sie eine Wand ohne Tür oder Fenster in Ihrem Rücken haben.

Abbildung 5
Anordnung der magischen Elemente im Bannritual

Anrufung der Elemente: das Ritual

Legen Sie Ihre rechte Hand auf die Schale mit dem Salz oder den Brosamen. Schließen Sie die Augen und atmen Sie fünfmal tief und regelmäßig ein und aus.

Sagen Sie, laut oder im Stillen: »Element Erde, ich erbitte deinen Beistand für diesen Raum.«

Öffnen Sie die Augen und nehmen Sie die Schale mit dem Element Erde in die rechte Hand. Schreiten Sie mit langsamen, feierlichen Schritten im Uhrzeigersinn den äußeren Rand des Raumes ab, der durch das magische Element geschützt werden soll.

Verstreuen Sie währenddessen mit Ihrer linken Hand in regelmäßigen Abständen fünfmal ein wenig von dem Element Erde auf der Grenze Ihres Schutzraumes. Sagen Sie jedes Mal, während Sie streuen: »Das Element Erde schützt und reinigt meinen Raum.«

Kehren Sie sodann zu Ihrem Tisch in der Mitte des Zimmers zurück. Stellen Sie die leere Schale wieder an ihren Platz und lassen Sie Ihre linke Hand auf der Schale ruhen. Sagen Sie, laut oder im Stillen: »Element Erde, ich danke dir für Schutz und Reinigung meines Raumes.«

Lösen Sie Ihre linke Hand von der Erdschale und legen sie offen vor sich auf den Tisch.

Legen Sie nun Ihre rechte Hand auf die Wasserschale, schließen Sie die Augen und atmen Sie erneut fünfmal tief und regelmäßig ein und aus. Sagen Sie, laut oder im Stillen: »Element Wasser, ich erbitte deinen Beistand für diesen Raum.«

Öffnen Sie die Augen und nehmen Sie die Schale mit dem Element Wasser in die rechte Hand. Schreiten Sie mit langsamen, feierlichen Schritten im Uhrzeigersinn den äußeren Rand des Raumes ab, der durch das magische Element geschützt werden soll.

Verteilen Sie währenddessen mit Ihrer linken Hand in regelmäßigen Abständen fünfmal ein wenig von dem Element Wasser auf der Grenze Ihres Schutzraumes. Sagen Sie jedes Mal, während Sie einige Wassertropfen verteilen: »Das Element Wasser schützt und reinigt meinen Raum.«

Kehren Sie sodann zu Ihrem Tisch in der Mitte des Zimmers zurück. Stellen Sie die leere Schale wieder an ihren Platz und lassen Sie Ihre linke Hand auf der Schale ruhen. Sagen Sie, laut oder im Stillen: »Element Wasser, ich danke dir für Schutz und Reinigung meines Raumes.«

Lösen Sie Ihre linke Hand von der Wasserschale und legen Sie sie offen vor sich auf den Tisch.

Zünden Sie nun die Kerze an, legen Sie Ihre rechte Hand um den Kerzenschaft und schließen Sie die Augen. Atmen Sie wiederum fünfmal tief und regelmäßig ein und aus.

Sagen Sie, laut oder im Stillen: »Element Feuer, ich erbitte deinen Beistand für diesen Raum.«

Öffnen Sie die Augen und nehmen Sie die Kerze mit dem Element Feuer in die linke Hand. Schreiten Sie mit langsamen, feierlichen Schritten im Uhrzeigersinn den äußeren Rand des Raumes ab, der durch das magische Element geschützt werden soll.

Schwenken Sie währenddessen mit Ihrer linken Hand in regelmäßigen Abständen fünfmal die Kerze, sodass einige Funken des Elementes Feuer die Grenze Ihres Schutzraumes markieren. Sagen Sie jedes Mal, während Sie die Kerze schwenken: »Das Element Feuer schützt und reinigt meinen Raum.«

Kehren Sie sodann zu Ihrem Tisch in der Mitte des Zimmers zurück. Lassen Sie die Kerze brennen, stellen Sie sie wieder an ihren Platz und halten Sie sie mit der linken Hand umfasst. Sagen Sie, laut oder im Stillen: »Element Feuer, ich danke dir für Schutz und Reinigung meines Raumes.«

Lösen Sie Ihre linke Hand von der Kerze und legen Sie sie offen vor sich auf den Tisch.

Zünden Sie nun das Räucherwerk an, legen Sie Ihre rechte Hand an die Schale, schließen Sie die Augen und atmen Sie erneut fünfmal tief und regelmäßig ein und aus. Sagen Sie, laut oder im Stillen: »Element Luft, ich erbitte deinen Beistand für diesen Raum.«

Öffnen Sie die Augen und nehmen Sie die Schale mit dem Element Luft in die rechte Hand. Schreiten Sie mit langsamen, feierlichen Schritten im Uhrzeigersinn den äußeren Rand des Raumes ab, der durch das magische Element geschützt werden soll.

Schwenken Sie währenddessen mit Ihrer rechten Hand in regelmäßigen Abständen fünfmal die Schale, sodass einige Rauchschwaden des Elementes Luft die Grenze Ihres Schutzraumes markieren. Sagen Sie jedes Mal, während Sie schwenken: »Das Element Luft schützt und reinigt meinen Raum.«

Kehren Sie sodann zu Ihrem Tisch in der Mitte des Zimmers zurück. Stellen Sie die Schale wieder an ihren

Platz und lassen Sie Ihre linke Hand auf der Schale ruhen. Sagen Sie, laut oder im Stillen: »Element Luft, ich danke dir für Schutz und Reinigung meines Raumes.«

Lösen Sie Ihre linke Hand von der Luftschale und legen Sie sie offen vor sich auf den Tisch.

Richten Sie nun Ihren Blick auf die gläserne Kugel, die in der Mitte des Tisches liegt. Ohne die Kugel zu berühren, fassen Sie sie fest ins Auge und nehmen den Anblick der Kugel in sich auf. Schließen Sie die Augen und atmen Sie fünfmal tief und regelmäßig ein und aus. Sagen Sie, laut oder im Stillen: »Element Geist, ich erbitte deinen Beistand für diesen Raum.«

Sehen Sie mit Ihrem geistigen Auge, wie die Kugel zu leuchten beginnt und in hellem Licht erstrahlt. Nehmen Sie wahr, dass die strahlende Kugel sich ausdehnt, stetig immer größer wird, bis sie Ihren gesamten Raum mit ihrem Licht, ihren Strahlen, ihrer Energie erfüllt. Spüren Sie die Wärme, Reinheit, Lauterkeit des magischen Elementes Geist, in der jede letzte Spur energetischer Verunreinigung in Ihrem Raum vergeht.

Öffnen Sie nun wieder die Augen, fassen Sie die gläserne Kugel in den Blick und sagen Sie, laut oder im Stillen: »Element Geist, ich danke dir für Schutz und Reinigung meines Raumes.«

Ausklang und Wiederholung
Heben Sie zum Abschluss des Rituals Ihre Arme und strecken Sie sie, zu ungefährer V-Form gespreizt, waagrecht über dem Tisch aus. Die Hände sind dabei offen, die Handrücken weisen nach oben.

Fassen Sie erst die gläserne Kugel, dann der Reihe nach die Symbole für die Elemente Erde und Wasser, Feuer und Luft in den Blick.

Sagen Sie mit Nachdruck, laut oder im Stillen: »Mein geistiger Raum ist nun gereinigt und sicher. Nur positive Energien können in ihn eindringen.«

Eine Wiederholung des Bannrituals ist normalerweise nicht erforderlich. Falls Sie nach dem Ritual nicht die intuitive Gewissheit erlangen, dass Ihr geistiger Schutzraum vollkommen sicher ist, sollten Sie vorher die Übungen zur Reinigung und Stärkung der Aura sowie zur Reinigung der Chakras und des Unterbewusstseins wiederholen. Im Anschluss können Sie auch das Bannritual, falls gewünscht, nochmals durchführen.

KAPITEL 9

**Mein spiritueller Hüter:
ein Bündnis mit meinem Schutzgeist**

Führen Sie regelmäßig spirituelle Übungen durch? Dann empfehle ich Ihnen, ebenso gewohnheitsmäßig ein Fantasie- und Traumtagebuch zu führen. Dieses einfache Hilfsmittel erleichtert Ihnen auch die Suche nach Ihrem persönlichen Schutzgeist, Engel oder spirituellen Wächter, auf die ich in diesem Kapitel näher eingehen werde.

Wie Sie Ihren Hüter finden

Um Ihre spirituellen Hüter zu finden, versuchen Sie als Erstes zu erforschen, welche behütende, Vertrauen einflößende und machtvolle Gestalt aus der geistigen Welt in Ihren Träumen und Tagträumen häufig auftaucht. Zu diesem Zweck schreiben Sie so oft wie möglich Ihre Träume auf – in der Nacht unmittelbar nach dem Traum oder morgens nach dem Aufwachen. Bald schon werden Sie feststellen, dass eine bestimmte Gestalt (deren Äußeres anfangs noch variieren kann) in Ihren Träumen und ungesteuerten Fantasien häufig wiederkehrt. Notieren

Sie, was Ihr (mutmaßlicher) Schutzgeist im Traum zu Ihnen gesagt hat oder was Sie zu ihm gesagt haben. Zeichnen oder malen Sie dieses Wesen in Ihrem Fantasie- und Traumtagebuch, beschreiben Sie sein Äußeres und seinen Charakter mit Ihren Worten.

Fragen Sie ihn in Wachträumen nach seinem Namen. Bitten Sie ihn, Ihnen von seiner Herkunft und Aufgabe zu erzählen. Möglicherweise ist Ihr spiritueller Hüter bereits in irgendeiner Kultur und Epoche der Menschheit zum Beispiel als Gottheit, Heilige(r) oder Ähnliches verehrt worden. In diesem Fall sollten Sie sich mit der Lehre oder den Taten dieser Wesenheit beschäftigen. Beschaffen Sie sich ein Bild oder eine kleine Skulptur von ihm oder ihr, die Sie in Ihrem geistigen Schutzraum aufstellen oder bei Bedarf mit sich führen können. (So kenne ich beispielsweise einen Mann, der nach langen, intensiven Nachforschungen herausgefunden hat, dass sein spiritueller Hüter in alter Zeit als indische Gottheit verehrt wurde. Seitdem hat sich der Mann, teilweise mit meiner Hilfe, eine ganze Bibliothek mit den betreffenden Lehren und Überlieferungen zugelegt und ist bereits mehrfach nach Indien gereist, um in Tempeln und Museen mehr über seinen Hüter zu erfahren und ihm so nahe wie möglich zu sein.)

Wenn Sie intuitive Gewissheit erlangt haben, dass es sich bei dieser Wesenheit tatsächlich um Ihren persönlichen Wächter aus der geistigen Welt handelt, sollten Sie in einem kleinen Ritual einen bewussten Bund mit Ihrem Schutzgeist oder Engel schließen.

So rufen Sie Ihren spirituellen Hüter an: das Ritual der Verbindung

Ziehen Sie sich in Ihren geistigen Schutzraum zurück, und sorgen Sie dafür, dass Sie nicht gestört werden. Setzen Sie sich bequem hin und atmen Sie einige Minuten lang tief und regelmäßig ein und aus.

Visualisieren des spirituellen Hüters
Meditieren Sie nun über dem Bild Ihres Schutzengels oder Hüters, das Sie selbst gezeichnet oder gemalt beziehungsweise sich besorgt haben. Verinnerlichen Sie dieses Bild, vergegenwärtigen Sie sich die Eigenschaften Ihres spirituellen Hüters, die Sie in Erfahrung gebracht haben: seine Güte, seine Macht und Unermüdlichkeit als Beschützer.

Schließen Sie die Augen, und spüren Sie, wie das Bild Ihres Engels oder Hüters in Sie einsinkt. Nehmen Sie die Energie wahr, die von ihm ausgeht, und machen Sie sich bewusst, dass umgekehrt auch Sie Energie zu ihm strömen lassen.

Sagen Sie, laut oder im Stillen:
»Sei mir willkommen, [Name des Hüters].

Bitte spende mir wie bisher Schutz und lass mich weiter an deiner Kraft und Weisheit teilhaben.

Meinen geistigen Schutzraum übergebe ich deiner besonderen Obhut. Sorge dafür, dass nur positive Energien in ihn eindringen können.

Ich danke dir.«
Verweilen Sie noch einige Minuten in stiller Zwie-

sprache mit Ihrem persönlichen Schutzgeist. Lauschen Sie besonders aufmerksam auf die Antwort, die Sie möglicherweise von ihm erhalten.

Ausklang und Wiederholung
Öffnen Sie sodann wieder Ihre Augen und kehren Sie langsam in den normalen Bewusstseinszustand zurück.

Künftig können Sie Verbindung mit Ihrem Schutzgeist aufnehmen, wann immer Sie dies für erforderlich halten. Meist genügt es, den spirituellen Hüter im Stillen einfach anzurufen. Stattdessen können Sie auch ein wortloses Zeichen mit ihm vereinbaren: Fordern Sie ihn beispielsweise auf, augenblicklich in Kontakt mit Ihnen zu treten, wenn Sie ein Symbol Ihrer Wahl visualisieren.

KAPITEL 10

Kaufrausch bewirkt Energiekater: sieben Energieregeln zum Konsum

Sicher kennen auch Sie jenen bedauernswerten Menschentypus, der zudringliche Zeitgenossen regelrecht anzuziehen scheint. Versicherungsvertreter oder Abonnentenwerber finden sie unter Tausenden unfehlbar heraus, ebenso aufdringliche Verkäufer oder Sektenprediger – sie alle stürzen sich so zielsicher auf ihr Opfer wie Stechmücken auf Menschen mit »süßem Blut«. Wie kommt das? Wie lässt sich erklären, dass einige Menschen »zum Opfer disponiert« zu sein scheinen, wie die heutige Psychologie dieses Phänomen umschreibt?

Aufgrund meiner langjährigen Erfahrung kann ich Ihnen versichern, dass die Lösung des Rätsels sehr einfach ist: In allen diesen Fällen handelt es sich um Menschen, die Energieräuber durch unterbewusste Signale geradezu gewohnheitsmäßig zum Übergriff einladen – und denen in der Regel wohl genau das widerfährt, was sie aufgrund unterbewusster Einstellungen befürchtet hatten.

Energiekampf im Kaufhaus

Konsumentenwerbung für Waren und Dienstleistungen ist in unserer heutigen Zeit allgegenwärtig. Immer dreister, immer raffinierter manipulieren die Reklamestrategen unsere Imagination und unsere Gefühle. Skrupellos spielt die Werbung auf der Klaviatur unserer Ängste – Angst vor Isolation und Außenseitertum, vor Blamage, Minderwertigkeit und sozialer Deklassierung; oder auch vor Alter und Tod, die wir mithilfe gewisser Konsumartikel zwar nicht überwinden, aber doch immer wieder verdrängen können. Zugleich stimuliert sie unser Verlangen, bestimmte Dinge zu besitzen, um »dazuzugehören«, unser Image aufzubessern oder das Selbstbewusstsein zu stärken.

So sorgt die unablässig strömende Reizflut der Werbung dafür, dass unser Unterbewusstsein weiter und weiter mit Wünschen und Ängsten angefüllt wird. Diese locken dann ihre energetischen Entsprechungen in der Außenwelt an beziehungsweise ziehen uns selbst, die manipulierten »Verbraucher«, wie Marionetten zu den betreffenden Konsumgegenständen hin.

Der moderne Verkäufer gibt sich gern als selbstloser Berater, der nur unser Bestes will (womit er angeblich nicht unser Geld meint). In Wahrheit aber drängt er uns meist ziemlich unverhohlen zum Kauf, eine plumpe Strategie, die dennoch in vielen Fällen aufgeht. Denn der geschickte Verkäufer verbündet sich mit jener Instanz im Inneren des Kunden, die ohnehin seit Langem wispert: »Kauf das XY-Ding, dann werden dich alle bewundern!« Und sollte diese Verheißung wider Erwarten noch nicht ausreichen, den Kunden zum Kauf zu überreden, so spielt unsere innere Stimme, verstärkt und nach außen projiziert in Gestalt des Verkäufers, nach dem Wunsch- eben noch den Angsttrumpf aus: »Wenn du das XY-Ding nicht kaufst, werden alle denken, dass du es dir nicht leisten kannst!«

Spätestens nach dieser Drohung pflegt der Widerstand des Konsumenten zusammenzubrechen: Wieder schlägt der Vampir seine Zähne in die Kehle seines Opfers, um diesem eine berauschende Dosis Energie zu rauben, in diesem Fall symbolisiert als Geld. Denn was wäre das Geld anderes als eine symbolische Repräsentation der in uns und um uns herum zirkulierenden Energien?

Sieben Regeln zum psychischen Selbstschutz in der Konsumwelt

Aus diesen Überlegungen und Erfahrungen lassen sich sieben Regeln zum angemessenen Verhalten als Konsumenten beziehungsweise in der Konsumwelt ableiten:

Erste Regel: Meiden oder ignorieren Sie Werbung!
Schrauben Sie Ihren passiven Konsum von Werbung so weit wie möglich zurück. Lassen Sie sich nicht »berieseln«: Sehen oder hören Sie sich im Fernsehen oder Radio möglichst keine Sendungen an, die durch Werbung unterbrochen werden, und schalten Sie sofort ab, wenn

ein »Werbeblock« beginnt. Überblättern Sie Werbung in den Printmedien und ignorieren Sie Reklametafeln etc. auf den Straßen.

Zweite Regel: Achten Sie auf regelmäßiges Clearing des Unterbewusstseins!
Führen Sie regelmäßig die Übung zum Clearing Ihres Unterbewusstseins durch (siehe Seite 81). Und reinigen Sie Ihr Inneres auch von Wunsch- sowie Angstbildern, die Ihnen durch Konsumwerbung eingeflößt worden sind.

Wenn Sie Ihr Unterbewusstsein regelmäßig von »Energieschrott« reinigen, werden Zeitgenossen, die dem Konsum modischer Artikel besondere Bedeutung beimessen, rasch das Interesse an Ihnen verlieren.

Dritte Regel: Sorgen Sie für regelmäßige Aurareinigung und -stärkung!
Führen Sie regelmäßig die Übungen zur Reinigung und Stärkung Ihrer Aura durch (siehe Seite 39 ff. und 50 f.). Visualisieren Sie während Ihrer Übungen ganz bewusst, wie Sie auch den energetischen Unrat entfernen, mit dem Werbung, Reklame und Verkaufsgeschrei Ihre Aura befleckt haben.

Vierte Regel: Kontrollieren Sie Ihre Imagination!
Gewöhnen Sie sich an, alle Wunschbilder von Konsumgegenständen, die in Ihrem Unterbewusstsein entstehen, bewusst zu zerstören. So können Sie sich beispielsweise vorstellen, dass das betreffende Wunschbild mit

einer Strahlenpistole durchlöchert oder durch einen Lichthammer zerschmettert wird.

Fünfte Regel: Informieren Sie sich aus seriösen Quellen!
Ab und an müssen natürlich auch Sie ein Produkt des alltäglichen Bedarfs erstehen. Ehe Sie sich in ein Geschäft begeben, informieren Sie sich über das Produkt, dessen Kauf Sie erwägen. Konsultieren Sie geeignete Quellen, zum Beispiel Testberichte seriöser Zeitschriften oder Warentestinstitute. Ganz wichtig auch noch: Bevor Sie sich an eine Verkaufsstelle wenden, sollten Sie sich ein eigenes, durch Fakten untermauertes Urteil gebildet haben.

Sechste Regel: Wappnen Sie vor dem Verkaufsgespräch Ihre Aura!
Vor einem Verkaufsgespräch führen Sie mehrfach die Übungen zur Aurastärkung und -wappnung (siehe Seite 44 ff.) sowie die Übungen zum Reinigen und Schließen der Chakras (siehe Seite 70 f. und 74 f.) durch. Sollten Sie auf einen Verkäufer jenes herrischen Typus treffen, der es auf die energetische Überwältigung seiner Opfer (vulgo »Kunden«) abgesehen hat, so wird er bei Ihnen vergeblich an fest verschlossene Tore pochen.

Siebte Regel: Hüten Sie sich im Verkaufsgespräch vor Gefühlsmanipulation!
Wenn Sie bemerken, dass ein Verkäufer (oder Versicherungsvertreter etc.) bei Verkaufsverhandlungen versucht, auf der Klaviatur Ihrer Wünsche und Ängste zu

spielen, ermahnen Sie ihn unverzüglich, auf die Ebene sachlicher Information zurückzukehren. Beharrt er oder sie auf dem Versuch, Ihr Verlangen, Ihr Schuldgefühl o. Ä. zu wecken, so brechen Sie das Gespräch auf der Stelle ab. Vergewissern Sie sich unbedingt, dass Sie die in Ihnen erzeugten Wunsch- oder Angstbilder rückstandslos beseitigt haben, ehe Sie (am besten in einem anderen Geschäft, mit einem anderen Verkäufer) die Verkaufsverhandlungen wieder aufnehmen.

KAPITEL 11

»Überzeugungstätern« keine Chance:
fünf Regeln zum energetischen Selbstschutz

Es ist eine Binsenweisheit: Ähnlich wie Zeitungs-werber oder sonstige »Drücker« erkennen auch Heilsprediger oder Meinungsforscher das geeignete Op-fer meist auf den ersten Blick. Zu Ihren Gunsten scheint zumindest zu sprechen, dass sie es nicht auf unser Geld abgesehen haben. Aber ist das wirklich ein Umstand, der für sie spricht? Wie bereits gesagt ist das Geld, das uns der Verkäufer abknöpfen will, ein Symbol der Energien, über die wir zu einem gegebenen Zeitpunkt verfügen. Nicht anders verhält es sich aber mit dem Aufwand an Zeit und Nerven, den es uns kostet, uns mit Heilspredi-gern oder aufdringlichen Meinungsbefragern auseinan-derzusetzen: Auch sie sind nichts anderes als Aspekte unserer Lebenskraft, und auch Ihre Zeit und Ihre Ner-ven würden Sie mit Sicherheit nicht mit dem Anhören von Heilspredigten vergeuden, wenn man Ihnen nur die Wahl lassen würde.

Na bitte, dann sorgen Sie auch dafür, dass man Ihnen diese Wahl lässt. Sollten Sie zu den bedauernswerten In-dividuen zählen, auf die sich solche lästigen Zeitgenos-sen mit Vorliebe stürzen, dann fragen Sie sich als Erstes:

- Wie kann ich die smarten jungen Leute, die in den Fußgängerzonen Meinungsumfragen zu törichten Themen durchführen, daran hindern, immer mich mit ihrem erstarrten Lächeln und ihren endlosen Fragebögen zu behelligen?
- Wie kann ich dafür sorgen, dass die grämlichen Individuen, die an Straßenecken ihre Erlösungsbroschüren in die Höhe halten, nicht ausgerechnet mir erklären wollen, warum der Weltuntergang vor der Tür steht?
- Oder wie kann ich unterbinden, dass sich im Freundeskreis oder in der Familie andauernd jemand berufen fühlt, ausgerechnet meine Überzeugungen und Entscheidungen infrage zu stellen?

Mangelndes Selbstbewusstsein lockt Energieräuber an

Warum ziehen die einen Menschen solche aufdringlichen Fragesteller und Weltverbesserer an, während andere vollkommen unbehelligt bleiben? Die Antwort dürfte Ihnen mittlerweile leicht fallen: Etwas in ihnen – genauer gesagt: ein Mangel an Bewusstheit und Selbstbewusstsein – lockt die menschlichen Plagegeister herbei, wie das sprichwörtliche Licht Motten anzieht.

Dieser Zusammenhang ist sehr viel weniger geheimnisvoll, als es auf den ersten Blick scheinen mag: Ein Mensch, der den Eindruck vermittelt, über kein starkes Ich zu verfügen, zieht eben dadurch all jene Personen an, die ihren Lebenssinn darin finden, andere Leute von ihren persönlichen (politischen, religiösen, weltanschaulichen) Ansichten zu überzeugen. Und wenn jemand den Anschein erweckt, sich sehr viel stärker von anderer Leute Meinungen als von seinem inneren Kompass leiten zu lassen, so bietet er sich als ideales Opfer all jener Meinungs-, Produkt- und Zeitgeistforscher an, deren Auftraggeber ja von der verbreiteten, aus innerer Orientierungslosigkeit entspringenden Konsumsucht so prächtig leben.

Wer schon öfter einmal von zudringlichen Zeitgenossen dieser Kategorien in die Zange genommen wurde, wird mir sicher zustimmen, wenn ich sage: Solche Leute kosten nicht nur Zeit und Nerven; sie rauben uns auch dadurch Energie, dass sie einseitig unsere Aufmerksamkeit erzwingen. Sie berauschen sich an unserer Zuwendung und an der Macht, die sie dadurch über uns ausüben. Sie geben vor (und glauben es womöglich auch selbst), beispielsweise von selbstloser Nächstenliebe zu sprechen, während sie in Wahrheit uns – ihren aktuell tatsächlich »Nächsten« – ganz und gar lieblos unserer Lebensenergie berauben!

Fünf Regeln zum Schutz vor »vampiristischen Überzeugungstätern«

Wie können Sie sich vor Energieräubern dieser unerfreulichen Klasse schützen? Hier meine fünf goldenen Regeln, gewonnen aus meiner langjährigen Praxis als spirituelle Energie- und Lebensberaterin:

Erste Regel: Finden Sie Ihre eigenen Themen.
Welche Themen sind Ihnen wirklich wichtig und welche sind für Sie von geringer oder sogar ohne Bedeutung? Erstellen Sie eine Rangliste der für Sie selbst relevanten Themen. Informieren Sie sich durch vertrauenswürdige Quellen über die Fragen, die Ihnen am Herzen liegen. Denken Sie in Ruhe darüber nach und lassen Sie sich hierbei weder von Wunsch- oder Angstbildern noch gar von den Einflüsterungen aufdringlicher Zeitgenossen leiten.

Zweite Regel: Meditieren Sie über existenzielle Fragen.
Gewöhnen Sie sich an, über existenzielle Sinnfragen zu meditieren. Wozu leben wir auf diesem Planeten? Ist es wirklich unvermeidlich, dass die Hälfte der Menschheit hungert, während die andere im Überfluss lebt? Was erwartet uns nach unserem physischen Tod? Für die fundamentalen Probleme und Lebensfragen sind wir alle »Fachleute«. Die Antworten, die Ihnen persönlich entsprechen und auf Ihrem spirituellen Pfad weiterhelfen, können Sie ohnehin nur in Ihrem Inneren finden.

Dritte Regel: Sorgen Sie für regelmäßige spirituelle Reinigung und Stärkung.
Führen Sie regelmäßig die Übungen zum Clearing Ihres Unterbewusstseins (siehe Seite 81) und zur Reinigung und Stärkung Ihrer Aura (siehe Seite 39 ff. und 50 f.) durch. Achten Sie darauf, nach der Meditation und anderen Energieübungen Ihre Chakras zu schließen (siehe Seite 74 f.).

Vierte Regel: Lernen Sie, Ihre eigene Meinung zu vertreten.

Wenn Sie erst einmal erkannt haben, welche Themen Ihnen wirklich wichtig sind, werden Sie immer wieder einmal feststellen, dass Sie zu einem Thema, über das andere sich ereifern, keine fest umrissene Meinung haben: Die erörterte Frage erscheint Ihnen vielleicht zweitrangig, oder aber Sie erkennen, dass Sie sich erst noch über das betreffende Problem informieren und sich in Ruhe eine eigene Meinung bilden wollen. In allen diesen Fällen empfehle ich Ihnen, sich lieber einmal nicht am Gespräch zu beteiligen, anstatt voreilig die Meinung eines Wortführers zu übernehmen. Haben Sie dagegen zu einem Thema einen eigenen Standpunkt gefunden, so vertreten Sie Ihre Meinung freundlich, aber entschieden. Etwaige Versuche, Sie zu »bekehren«, werden dann rasch aufhören oder gar nicht erst unternommen werden: Wer keine Signale der Orientierungslosigkeit aussendet, lockt auch keine messianischen Zeitgenossen an.

Fünfte Regel: Wählen Sie bewusst Ihre Freunde und Bekannten aus.

Gestalten Sie auch Ihren Freundes- und Bekanntenkreis bewusst im Hinblick auf Ihre spirituelle Orientierung. Wenn Sie feststellen, dass Leute aus Ihrem Bekanntenkreis Sie immer wieder in Energie raubende Auseinandersetzungen verwickeln, Sie »herunterziehen« oder andauernd zu belehren versuchen, so brechen Sie notfalls den Kontakt zu diesen Menschen ab. Manchmal müssen wir einfach die Menschen zurücklassen, die unserer spirituellen Entwicklung im Wege stehen. Neue Freunde, die unserer gewachsenen und gereiften Persönlichkeit besser entsprechen, werden sich umso rascher einstellen.

KAPITEL 12

Energieräuber in der Familie?
Fünf Regeln zur spirituellen Kindererziehung

In einer Familie sind die Eltern stets in zweifacher Hinsicht gefordert: Als Mutter oder Vater sollten Sie alles in Ihrer Macht Stehende tun, um Ihre Kinder vor Energieräubern zu beschützen. Aber Sie sollten auch unbedingt dafür sorgen, dass Ihre Kinder nicht selbst um die Energie kämpfen müssen, die sie für ihr Überleben und für ihr körperliches und geistig-seelisches Wachstum benötigen.

Elternliebe ist die Quelle kindlicher Lebensenergie

In den letzten Jahren ist es glücklicherweise gelungen, unsere Gesellschaft für die entsetzlichen Übergriffe zu sensibilisieren, die unter dem juristischen Begriff »sexueller Kindesmissbrauch« zusammengefasst werden. Der energetische Missbrauch von Kindern beginnt jedoch weit vorher. Da die Aura von kleinen Kindern erst gering entwickelt ist, vermag sie diese zarten Individuen vor »energetischen Remplern« auch nur höchst unzulänglich zu schützen.

*Ein weitverbreitetes Vergehen: energetischer Kindes-
missbrauch*

Der Typus des erwachsenen »Erziehers«, der seine Macht
missbraucht, indem er Kinder einschüchtert, belügt,
ignoriert oder mit »Liebesentzug« bestraft, ist leider noch
immer weit verbreitet. Aber auch wer Kinder wie kleine
Dummköpfe behandelt, sie verspottet und verhöhnt,
um sich stark und klug zu fühlen, macht sich eines
gewaltsamen Übergriffs schuldig: All diese Vergehen
zwingen die Kinder dazu, um die für ihr Überleben benötigte Energie zu kämpfen. Denn die Zuwendung er-
wachsener Bezugspersonen ist für Kinder und Heran-
wachsende nichts anderes als schiere Lebensenergie.

*Vernachlässigte Kinder können zu Energieräubern
werden*

Zur benötigten Lebensenergie können kleine Kinder
nur auf einem einzigen Weg gelangen: durch die Schleu-
se der elterlichen Aufmerksamkeit und Liebe. Versiegt
diese Quelle, oder wird sie aus anderen Gründen un-
zugänglich, so bleibt den Kindern nichts anderes üb-
rig, als mit allen Mitteln Zuwendung zu erpressen oder
zu stehlen. Die Ablehnung oder Abwendung der Erwachsenen zwingt diese Kinder zum Raub von Lebensenergie.

Fünf Regeln
zur spirituellen Erziehung Ihres Kindes

Aufgrund meiner langjährigen Erfahrung als spirituelle Energie- und Lebensberaterin habe ich hier einige Regeln zur spirituellen Kindererziehung zusammengestellt. Wenn Sie diese Regeln beherzigen, schützen Sie Ihre Kinder davor, zum Opfer von Energieräubern zu werden, und vor dem Zwang, um Lebensenergie kämpfen zu müssen.

Erste Regel: Fördern Sie die natürliche sensitive Begabung Ihres Kindes.
Wie ich in diesem Buch schon mehrfach gesagt habe, kommt jedes Kind mit einer medialen Begabung zur Welt. Bis zu seinem sechsten oder siebten Jahr kann also auch Ihr Kind Auren sehen oder Gefühle und Gedanken anderer »lesen«, und auch später erlischt oder verkümmert dieses Talent nur dann, wenn es nicht gefördert oder gar unterdrückt wird. Umso wichtiger ist, dass wir unsere Kinder in den ersten Jahren ermutigen, wenn sie sogenannte übersinnliche Erfahrungen schildern, nachspielen oder malen. Zeigen Sie Ihrer kleinen Tochter oder Ihrem Sohn, dass Sie selbst an die Wirklichkeit dieser Erfahrungsdimension glauben. So verhindern Sie beizeiten, dass das Kind in Zwiespalt mit sich selbst gerät und schließlich gezwungen wird, die Realität seiner eigenen Wahrnehmungen zu verleugnen.

Zweite Regel: Integrieren Sie Energiearbeit in das familiäre Leben.

Meditation und Körperarbeit, Visualisierungsübungen und Rituale zur Verbindung mit dem Höheren Selbst sollten selbstverständliche Bestandteilen Ihres familiären Lebens sein. Ohne Schwierigkeiten kann gerade ein kleines Kind das (altersgerecht aufbereitete) spirituelle Konzept der universellen Energie und der Aura mit ihren vier Dimensionen verstehen: Es entspricht seiner eigenen Erfahrung, die auf der natürlichen kindlichen Sensitivität beruht.

Dritte Regel: Schenken Sie Ihrem Kind so viel Zuwendung wie möglich.

Denken Sie so oft wie möglich mit einem Gefühl tiefer und aufrichtiger Liebe an Ihr Kind. Gerade in seinen ersten Lebensjahren sollte Ihr Kind von Ihnen so viel Lebensenergie erhalten, wie Sie erübrigen können. Sorgen Sie aber auch dafür, dass sich in Ihrem Kind die Bereitschaft dafür entwickelt, andere Menschen durch Zuwendung von Lebensenergie zu stärken.

Vierte Regel: Gute Erziehung erhöht den kindlichen Energielevel.

Nicht selten hegen Mutter und Vater unterschiedliche Auffassungen, was unter der »guten« und »richtigen« Erziehung ihrer Kinder zu verstehen sei. Dabei ist die Sache nach meiner Überzeugung sehr einfach. Fragen Sie sich stets: Wird durch eine konkrete Erziehungsmaßnahme (ein Verbot oder Gebot beispielsweise) das Energieniveau meines Kindes erhöht oder gesenkt? Wird hierdurch seine Aura gestärkt, seine spirituelle Entwicklung gefördert oder, im Gegenteil, seine Aura geschwächt, sein geistig-seelisches Wachstum gehemmt? Was unter diesen Gesichtspunkten schädlich oder nutzlos ist, sollten Sie Ihrem Kind möglichst ersparen; was in der genannten Hinsicht günstig ist, sollte auch im Leben Ihres Kindes eine Rolle spielen.

Günstig für das spirituelle Wachstum ist alles, was den Aufbau von Energien und eine ganzheitliche Entwicklung fördert, also körperliche Bewegung ebenso wie kreative Spiele oder die Pflege musischer Begabungen. Schädlich für die spirituelle Entwicklung sind dagegen Fleischverzehr (der die Sensitivität betäubt) oder planloser Medienkonsum (der unser Bewusst- und Unterbewusstsein mit desorientierenden Wunschbildern überschwemmt).

Fünfte Regel: Dehnen Sie regelmäßig Ihren Auraschutz auf Ihr Kleinkind aus.
Da Ihr Kind in seinen ersten Lebensjahren noch über keinen eigenen Schutzschild verfügt, ist es gerade in dieser Zeit besonders auf Ihre energetische Fürsorge angewiesen. So, wie Sie Ihre kleine Tochter oder Ihren Sohn bei großer Kälte mit unter Ihren Mantel nehmen würden, sollten Sie Ihr Kind immer wieder auch mit dem schützenden und stärkenden »Lichtmantel« Ihrer Aura umhüllen. Wie Sie dies bewerkstelligen können, erfahren Sie in den folgenden Abschnitten.

Übung: So dehnen Sie Ihren Auraschutz auf Ihr Kind aus

Begeben Sie sich an einen ruhigen Ort, an dem Sie nicht gestört werden können. Das Licht sollte gedämpft, jegliche Lärmquellen sollten ausgeschaltet sein. Setzen oder legen Sie sich bequem hin und schließen Sie die Augen. Atmen Sie langsam und regelmäßig ein und aus, bis Sie spüren, dass Ihre körperlichen Spannungen sich lösen und Ihre Aufmerksamkeit sich Ihrer inneren Welt zukehrt.

Imaginieren Sie vor Ihrem geistigen Auge, dass Ihr Kind sich dicht bei Ihnen befindet (auf Ihrem Arm oder neben Ihnen liegend).

Machen Sie sich bewusst, dass Ihre Aura Sie und Ihr Kind als farbiges Feld aus pulsierender Energie umgibt. Sehen Sie sich Ihre Aura mit Ihrem geistigen Auge genau an, betasten Sie sie mit Ihren geistigen Händen: Ihre Aura umschließt Sie und Ihr Kind wie eine elastische Hülle aus purem Licht.

Visualisierung: Aura aufblasen

Atmen Sie nun tiefer ein und aus und fühlen Sie, wie Ihre Aura sich mit jedem Atemzug ausdehnt. Bei jedem Ausatmen bläht sie sich weiter und weiter auf wie ein Ballon, den Sie mit Ihrer Atemluft füllen. Fühlen Sie, wie Ihre Aura an Umfang gewinnt, und sehen Sie, wie sie ihre Form verändert, je weiter sie sich von der Kontur Ihres Körpers und des Körpers Ihres Kindes entfernt.

Atmen Sie so lange Luft in Ihre Aura hinein, bis sie

die Form eines großen Eis angenommen hat. Sie und Ihr Kind befinden sich nun im Inneren eines großen Ovals aus weißem Licht.

Affirmation
Sagen Sie mehrfach, laut oder im Stillen:

»Mein Kind und ich sind gegen jeden psychischen Angriff gewappnet – einzig positive Energien dringen durch unseren Schutzschild ein.«

Wiederholen Sie diese Affirmation so lange, bis Sie vollkommen sicher sind, dass Ihr energetischer Schutzschild Sie und Ihr Kind zuverlässig beschirmt.

Vielleicht empfinden Sie das Bedürfnis, Ihr Kind und sich selbst noch stärker zu wappnen. In diesem Fall beobachten Sie die Außenfläche Ihrer Aura und sehen zu, wie diese glasklare Fläche allmählich kristallisiert – wie Wasser, das langsam zu Eis gefriert. Ihre Aura ist nun so durchsichtig wie zuvor, aber niemand kann sie mehr ohne Ihr Einverständnis durchdringen: Ihr Kind und Sie befinden sich in einem unzerstörbaren Oval aus Lichtkristall.

KAPITEL 13

So schützen Sie Ihr Heim:
ein Reinigungs- und Bannritual

Auch das Heim unserer Familie können wir gegen Übergriffe von Energieräubern sichern. Das im Folgenden geschilderte Ritual dient zur symbolischen Reinigung Ihres Hauses von negativen Energien und dazu, sich des Beistands der positiven Energien zu vergewissern. Durch die symbolische Säuberung ist Ihr Heim automatisch für Energievampire tabu: Da es nach dem Clearing keine negativen Energien mehr enthält, können diese auch keine Energieräuber mehr anziehen.

Ein Ritual für die ganze Familie

Haben Sie vor, in nächster Zeit mit Ihrer Familie umzuziehen? Dann sollten Sie dieses Ritual beim Einzug in Ihr neues Heim durchführen. Aber auch wenn Sie schon eine geraume Weile in Ihrem Familienheim leben, können Sie dieses nachträglich von negativen Energien säubern und gegen Energieräuber wappnen, indem Sie das hier beschriebene Reinigungs- und Bannritual ausführen. Als Elternpaar sollten Sie Ihre Kinder an dem Ritual beteiligen. So fördert es zugleich auch Harmonie und Zusammenhalt in Ihrer Familie. Kinder lassen sich leicht für bildhafte Vorgänge und symbolische Verrichtungen begeistern und begreifen deren tiefere Bedeutung intuitiv.

Symbolische Repräsentation
Für das Bann- und Reinigungsritual benötigen Sie symbolische Repräsentationen der fünf magischen Elemente:

• eine Schale mit Salz oder Brotkrumen, die das Element Erde repräsentieren,
• eine Schale mit Wasser, um das Element Wasser zu symbolisieren,
• eine weiße Wachskerze, um das Element Feuer darzustellen,
• eine Schale mit Räucherwerk, um das Element Luft zu repräsentieren,
• eine gläserne Kugel, die den Geist repräsentiert.

Achten Sie darauf, je nach Größe Ihres Hauses und Anzahl der Räume nicht zu kleine Schalen mit Salz, Wasser oder Räucherwerk und keine zu kleine Kerze zu wählen. Passen Sie die Requisiten Ihrer Praxis stets Ihren persönlichen Bedürfnissen an.

Verteilung der Rollen
Lassen Sie sich für die Vorbereitung dieses Rituals Zeit. Sprechen Sie mit Ihren Kindern über die einzelnen

magischen Elemente, ihre Macht und Bedeutung. Für den Fall, dass Ihre Familie aus insgesamt fünf Personen besteht (Eltern und drei Kinder oder eine andere Konstellation), empfiehlt es sich sehr, jedes der fünf magischen Elemente durch ein Familienmitglied »verkörpern« zu lassen.

Sprechen Sie in diesem Fall mit Ihren Kindern vorher über die Verteilung der Rollen: Wer aus der Familie ist (aufgrund seines Charakters, ihres Temperamentes, spezieller Vorlieben etc.) besonders geeignet, das Element Erde zu verkörpern? Wer ist zur Verkörperung von Wasser, Feuer etc. prädestiniert? Die höheren Elemente Luft und Geist sollten normalerweise von den Eltern (beziehungsweise, falls zur Familie gehörig, auch von einem Großelternteil) verkörpert werden, sodass es in der Praxis darum gehen wird, die Rollen der Elemente Erde, Wasser und Feuer unter den Kindern zu verteilen:

• Schlagen Sie einem besonders gut »geerdeten«, in sich ruhenden, naturverbundenen Kind vor, das Element Erde zu repräsentieren.
• Beauftragen Sie ein besonders mitfühlendes, liebevolles, träumerisches und kreatives Kind, das Element Wasser zu verkörpern.
• Bitten Sie ein besonders willensstarkes, kämpferisches Kind, die Rolle des Elementes Feuer zu übernehmen.
• Übertragen Sie die Rolle des Elementes Luft auf dasjenige erwachsene Familienmitglied, dessen Denken und Handeln durch besondere Rationalität und ver-

standesmäßige Bewusstheit geprägt sind (wenn diese Charakterisierung auf Sie zutrifft, übernehmen Sie die Rolle selbst).

• Übertragen Sie die Rolle des Elementes Geist auf dasjenige erwachsene Familienmitglied, dessen Handeln, Denken und Fühlen durch besondere Spiritualität geprägt sind (wenn diese Charakterisierung auf Sie zutrifft, übernehmen Sie die Rolle selbst).

Bei dem Ritual wird es darum gehen, dass die Verkörperungen aller fünf Elemente in einer Reihenfolge, die vorher besprochen worden ist, das gesamte Haus begehen, um jeden Raum symbolisch zu reinigen.

Falls Ihre Familie aus mehr als fünf Mitgliedern besteht, sollte der Familienrat vorher festlegen, welche Personen welche Elemente verkörpern werden; die restlichen Angehörigen nehmen still und konzentriert an dem Ritual teil. Sollte Ihre Familie aus weniger als fünf Mitgliedern bestehen, müssten Sie sich darauf verständigen, wer welche zusätzliche Rolle übernimmt.

Bei der folgenden Beschreibung gehe ich der Einfachheit halber davon aus, dass es sich um fünf Familienmitglieder handelt.

Das Kreuz der Elemente
Begeben Sie sich alle fünf vor die Tür Ihres Hauses, das sie mit dem Ritual von energetischen Verschmutzungen reinigen möchten. Jedes der fünf Familienmitglieder hält die symbolische Darstellung des Elementes, das er oder sie verkörpert, in der rechten Hand. Stellen Sie sich

in der Form eines Kreuzes vor der Haustür auf, wie in Abbildung 6 gezeigt:

Anrufung des Elementes Erde

Als Erstes betritt nun dasjenige Familienmitglied, das Erde verkörpert, das Haus, gefolgt von den anderen, wobei darauf zu achten ist, dass die Kreuzformation eingehalten wird. Begeben Sie sich in den ersten Raum, der rituell gereinigt werden soll, schließen Sie alle fünf die Augen und atmen Sie fünfmal tief und regelmäßig ein und aus.

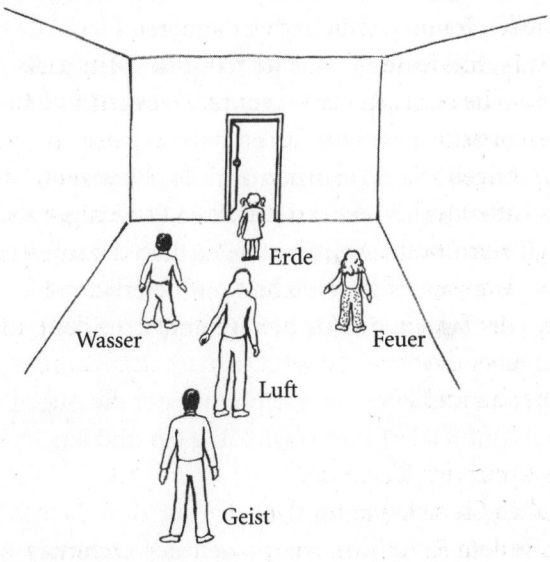

Abbildung 6
Kreuzförmige Anordnung der magischen Elemente und ihrer
Verkörperungen beim Bann- und Reinigungsritual

Sodann sagen die Verkörperungen der Elemente Wasser, Feuer, Luft und Geist laut und feierlich: »Element Erde, wir erbitten deinen Beistand für diesen Raum.«

Nun öffnen alle die Augen. Mit langsamen, feierlichen Schritten geht die Verkörperung von Erde im Uhrzeigersinn den äußeren Rand des Raumes ab, der durch das magische Element geschützt werden soll. Währenddessen hält sie die Schale mit der symbolischen Erde in der rechten und verstreut mit der linken Hand in regelmäßigen Abständen fünfmal ein wenig von dem Element Erde auf der Grenze des betreffenden Raumes.

Die Verkörperungen der vier anderen Elemente bleiben währenddessen reglos stehen und sagen jedes Mal, während das Element Erde verstreut wird: »Das Element Erde schützt und reinigt diesen Raum.«

Nachdem die Verkörperung des Elementes ihren Kreis vollendet hat, kehrt sie an ihren Platz in der Kreuzformation zurück. Daraufhin sagen die Verkörperungen der anderen vier Elemente laut und feierlich: »Element Erde, wir danken dir für Schutz und Reinigung dieses Raumes.«

Danach schließen Sie alle fünf wieder die Augen und atmen fünfmal tief und regelmäßig ein und aus.

Anrufung des Elementes Wasser

Sodann sagen die Verkörperungen der Elemente Erde, Feuer, Luft und Geist laut und feierlich: »Element Wasser, wir erbitten deinen Beistand für diesen Raum.«

Nun öffnen alle wieder die Augen. Mit langsamen,

feierlichen Schritten geht die Verkörperung von Wasser im Uhrzeigersinn den äußeren Rand des Raumes ab, der durch das magische Element geschützt werden soll. Währenddessen hält sie die Schale mit dem symbolischen Wasser in der rechten und versprengt mit der linken Hand in regelmäßigen Abständen fünfmal einige Tropfen Wasser auf der Grenze des betreffenden Raumes.

Die Verkörperungen der vier anderen Elemente bleiben währenddessen reglos stehen und sagen jedes Mal, während das Element Wasser versprengt wird: »Das Element Wasser schützt und reinigt diesen Raum.«

Nachdem die Verkörperung des Elementes ihren Kreis vollendet hat, kehrt sie an ihren Platz in der Kreuzformation zurück. Daraufhin sagen die Verkörperungen der anderen vier Elemente laut und feierlich: »Element Wasser, wir danken dir für Schutz und Reinigung dieses Raumes.«

Danach schließen Sie alle fünf wieder die Augen und atmen fünfmal tief und regelmäßig ein und aus.

Anrufung des Elementes Feuer

Als Nächstes sagen die Verkörperungen der Elemente Erde, Wasser, Luft und Geist laut und feierlich:

»Element Feuer, wir erbitten deinen Beistand für diesen Raum.«

Nun öffnen alle wieder die Augen und die Verkörperung des Elementes Feuer zündet die weiße Wachskerze mit den bereitgehaltenen Zündhölzern an. Mit langsamen, feierlichen Schritten geht die Verkörperung von

Feuer im Uhrzeigersinn den äußeren Rand des Raumes ab, der durch das magische Element geschützt werden soll. Währenddessen schwenkt sie die brennende Kerze mit der rechten Hand fünfmal in regelmäßigen Abständen, sodass einige Funken auf die Grenze des betreffenden Raumes stieben.

Die Verkörperungen der vier anderen Elemente bleiben währenddessen reglos stehen und sagen jedes Mal, während die Funken des Elementes Feuer stieben: »Das Element Feuer schützt und reinigt diesen Raum.«

Nachdem die Verkörperung des Elementes ihren Kreis vollendet hat, kehrt sie an ihren Platz in der Kreuzformation zurück. (Die Kerze wird nicht ausgelöscht.) Daraufhin sagen die Verkörperungen der anderen vier Elemente laut und feierlich: »Element Feuer, wir danken dir für Schutz und Reinigung dieses Raumes.«

Danach schließen Sie alle fünf wieder die Augen und atmen fünfmal tief und regelmäßig ein und aus.

Anrufung des Elementes Luft

Als Nächstes sagen die Verkörperungen der Elemente Erde, Wasser, Feuer und Geist laut und feierlich: »Element Luft, wir erbitten deinen Beistand für diesen Raum.«

Nun öffnen alle wieder die Augen und die Verkörperung des Elementes Luft zündet das Räucherwerk, das sie mit der rechten Hand in der Schale trägt, mit den bereitgehaltenen Zündhölzern an. Mit langsamen, feierlichen Schritten geht die Verkörperung von Luft im Uhrzeigersinn den äußeren Rand des Raumes ab, der durch das magische Element geschützt werden soll. Währenddessen schwenkt sie die Schale mit dem Räucherwerk mit der rechten Hand fünfmal in regelmäßigen Abständen, sodass einige Rauchschwaden auf die Grenze des betreffenden Raumes wehen.

Die Verkörperungen der vier anderen Elemente bleiben währenddessen reglos stehen und sagen jedes Mal, während die Rauchschwaden des Elementes Luft aufwallen: »Das Element Luft schützt und reinigt diesen Raum.«

Nachdem die Verkörperung des Elementes ihren Kreis vollendet hat, kehrt sie an ihren Platz zurück. (Das Räucherwerk wird nicht ausgelöscht.) Daraufhin sagen die Verkörperungen der anderen vier Elemente laut und feierlich: »Element Luft, wir danken dir für Schutz und Reinigung dieses Raumes.«

Danach schließen Sie alle fünf wieder die Augen und atmen fünfmal tief und regelmäßig ein und aus.

Anrufung des magischen Geistes
Als Letztes sagen die Verkörperungen der Elemente Erde, Wasser, Feuer und Luft laut und feierlich: »Element Geist, wir erbitten deinen Beistand für diesen Raum.«

Nun öffnen alle wieder die Augen und die Verkörperung des Elementes Geist hebt den rechten Arm bis in Höhe ihres Kopfes, sodass alle die gläserne Kugel auf ihrer offenen Handfläche sehen können. Mit langsamen, feierlichen Schritten geht die Verkörperung von Geist im Uhrzeigersinn den äußeren Rand des Raumes ab, der durch das magische Element geschützt werden soll. Währenddessen hebt sie die rechte Hand mit der gläsernen Kugel fünfmal in regelmäßigen Abständen so hoch wie möglich in die Höhe, wobei die Verkörperungen der vier anderen Elemente jedes Mal laut und feierlich sagen:

»Seht, wie der Geist leuchtet. Seht, wie die strahlende Kugel sich ausdehnt, wie sie den gesamten Raum mit ihrer Energie erfüllt. Spürt die Wärme und Reinheit des Geistes, der den gesamten Raum mit positiver Energie erfüllt.«

Nachdem die Verkörperung des Elementes Geist ihren Kreis vollendet hat, kehrt sie an ihren Platz in der Kreuzformation zurück, wo sie die Hand mit der gläsernen Kugel wieder bis in Brusthöhe herunternimmt. Daraufhin sagen die Verkörperungen der anderen vier Elemente laut und feierlich: »Element Geist, wir danken dir für Schutz und Reinigung dieses Raumes.«

Danach schließen Sie alle fünf wieder die Augen und atmen fünfmal tief und regelmäßig ein und aus.

Ausklang und Wiederholung

Führen Sie dieses Bann- und Reinigungsritual nacheinander für jeden Raum ihres Heims durch, der von energetischen Verunreinigungen gesäubert werden soll.

Begeben Sie sich zum Abschluss des Rituals zu Ihrem Ausgangspunkt an der Haustür zurück. Achten Sie darauf, weiterhin Ihre Kreuzformation zu wahren. Heben Sie alle fünf Ihre rechten Arme mit den symbolischen Repräsentationen der verkörperten Elemente und sagen Sie mit Nachdruck:

»Unser Heim ist nun gereinigt und sicher. Nur positive Energien können in es eindringen.«

Eine Wiederholung des Bannrituals ist normalerweise erst dann erforderlich, wenn Sie in ein neues Heim umziehen sollten.

KAPITEL 14

Ein Energiesauger in meinem Bett?
Regeln und Ratschläge zum Schutz
vor Beziehungsvampiren

Möge Ihnen eine solche Entdeckung erspart bleiben! Aber vielleicht stellen Sie dennoch eines Tages fest, dass es sich bei dem Menschen an Ihrer Seite um einen Energieräuber handelt. Für diesen Fall möchte ich Sie hier mit einigen beherzigenswerten Ratschlägen versehen. Tatsächlich sind solche Verbindungen sogar recht häufig. Was im Übrigen auch nicht allzu erstaunlich ist: Nichts bringt uns so zuverlässig in den Genuss der Lebensenergie eines anderen Menschen als dessen Liebe. Erinnern Sie sich an die Geschichte, die ich selbst in den Slums von Mexico City erlebt habe: Liebe kann wie eine Flutwelle sein, die uns mit der Energie eines anderen Menschen förmlich überschwemmt.

Die drei Grundtypen des Beziehungsvampirs

Im Wesentlichen kann man auch auf dem Gebiet des Beziehungsvampirismus drei Grundtypen unterscheiden:

- den charismatischen Liebeswilderer,
- den heimischen Langzeitschmarotzer,
- den Mitleid heischenden Energiebettler.

Der charismatische Liebeswilderer

Er ist meist männlichen (zuweilen aber auch weiblichen) Geschlechts und von jenem Typus, der Frauen schwach werden lässt: Schon sein Blick ist bohrend wie ein Vampirzahn und sein Charisma ähnelt einer Druckwelle, die das auserwählte Opfer buchstäblich umwirft. Kein Wunder, dass den so verwegen Umworbenen schwindlig wird: Das Sausen in ihren Ohren ist das Geräusch, mit dem ihre Lebensenergie zu ihm hinüberfließt.

Manche dieser Opfer ahnen durchaus, dass sie von einem Energieräuber eingefangen wurden. Aber meist fühlen sie sich schon zu schwach, um Gegenwehr zu leisten: Nicht selten lassen sich Opfer derart charismatischer Wilderer über Wochen und Monate von ihren gierigen Liebhabern energetisch aussaugen, und meist finden sie selbst nicht die Kraft, sich aus dem erotischen Würgegriff zu befreien. Oft lässt der Räuber selbst von ihnen ab, um sich ein energetisch weniger ausgezehrtes Opfer zu suchen.

Der heimische Langzeitschmarotzer

Dieser Typus des Beziehungsvampirs kann ebenso gut weiblichen wie männlichen Geschlechts sein. Anders als der charismatische Wilderer ist er nicht auf blitzartige Überwältigung und vollkommenes Aussaugen seines

Opfers aus. Vielmehr zieht er eine dauerhafte Verbindung mit seinem Opfer vor, um in heimischer Stille unbehelligt von dessen Energie zu schlürfen. Der Energiewilderer ließe sich mit einem Exzesstrinker vergleichen. Dagegen gehört der Langzeitschmarotzer zu den Gewohnheitstrinkern, die den Vollrausch meiden und die Quelle ihrer Labsal schonen, damit sie desto länger für sie sprudelt. Die Leiden der Opfer solcher häuslichen Vampire dauern daher meist viele Jahre oder Jahrzehnte – nicht selten ein ganzes eheliches Erwachsenenleben – an.

Meist ist dieser Typus von verschlossenem und tyrannischem Charakter, zu Selbstmitleid neigend und meist von mürrischem oder depressivem Temperament. So ertrotzt er die Zuwendung des Lebenspartners, der oder die ihn unablässig aufmuntern und trösten, ihm Abbitte leisten oder ihn wieder aufpäppeln muss. Solange sein Energiequell nicht in seiner Nähe ist, wirkt der Energieschmarotzer auf andere kraftlos und kommt sich selbst auch so vor. Dagegen blüht er auf, sobald er endlich wieder von den energetischen Ressourcen seines Opfers zehren kann.

Der Mitleid heischende Energiebettler
Eines möchte ich diesem Abschnitt vorausschicken: Es liegt mir fern, kranke Menschen herabzusetzen. Dennoch halte ich es für wichtig und gerechtfertigt, auch vor jener Energieräuberei zu warnen, zu der es kommen kann, wenn ein Beziehungspartner langfristig oder chronisch erkrankt ist. Denn aus meiner Sicht bedeutet dies,

dass in der Partnerschaft ein starkes energetisches Gefälle entsteht: Die Energie des gesunden Partners fließt zu dem kranken hin ab, ohne dass der gesunde Partner einen gleichwertigen Rückfluss erhält.

Über einen Zeitraum von einigen Wochen oder auch Monaten ist es dem gesunden Partner sicherlich zuzumuten, »Kraft für zwei« aufzubringen. Doch wenn einer der beiden Partner chronisch krank ist – oder übrigens auch, wenn zwischen beiden ein großer Altersunterschied von zwanzig Jahren und mehr besteht –, so wird der gesunde (beziehungsweise der bedeutend jüngere) Partner über kurz oder lang überfordert werden und seinerseits erkranken: Batterien müssen nachgefüllt werden, sonst sind sie nach einer gewissen Zeitspanne leer.

Allerdings sollten wir auch hier zwischen energetisch erfahrenen Partnern und solchen Paaren unterscheiden, die sich der Risiken nicht bewusst sind. Wenn Sie und Ihr Partner daran gewöhnt sind, durch spirituelle Techniken wie Meditation oder Yoga und angemessene Ernährung Energie aufzubauen, können sie normalerweise auch mit den energetischen Problemen umgehen, die eine langwierige Krankheit aufwirft. In solchen Fällen besteht also kaum eine Gefahr, dass der Erkrankte – bewusst oder unbewusst – zum Energieräuber wird.

Schwierig wird es dagegen, wenn die Partner keine Erfahrung mit den Risiken eines solches Energiegefälles haben und wenn sie überdies nicht daran gewöhnt sind, durch Körperarbeit oder andere Techniken ihr Energieniveau zu erhöhen beziehungsweise zu stabilisieren. Dann wird der Erkrankte, ohne sich dessen überhaupt bewusst zu sein, immer wieder versuchen, seinen sinkenden Energielevel auf Kosten des Partners zu erhöhen, und dann wird der gesunde Partner sich höchstwahrscheinlich immer wieder zu einer energetischen »Solidaritätsabgabe« erpressen lassen, die auf Dauer auch seine eigenen Energieressourcen auszehrt.

Nicht selten, vor allem bei diffusen Krankheitsbildern (Hypochondrie, manchen Arten von Kopfschmerzen und depressiver Verstimmung o. Ä.), drückt sich in der Erkrankung ohnehin nur das Energiedefizit aus, an dem der Partner leidet: Unter der mitleidvollen Zuwendung des anderen verschwinden oder vermindern sich die Krankheitssymptome oft scheinbar wundersam. Sowie der energetische Lebensquell versiegt ist, können diese Symptome jedoch umso dramatischer wiederkehren. Damit sich dieser unheilvolle Kreislauf nicht so lange wiederholt, bis auch der einstmals gesunde Partner nachhaltig erkrankt ist, sollte dieser rechtzeitig die Warnzeichen erkennen und den Energieräuber an seiner Seite zu zähmen versuchen.

Die Zähmung des Beziehungsvampirs

Nicht nur die Opfer solcher Energiekämpfe, sondern auch die Täter können mit ihrer Lage letztlich nicht zufrieden sein: Der charismatische Liebeswilderer und der heimische Langzeitschmarotzer bleiben ebenso wie der Mitleid heischende Energiebettler von ihren Energiequellen abhängig. Da diese in den Partner sozusagen ausgelagert sind, haben sie nie eine wirkliche Kontrolle darüber und können ohne den Beziehungspartner im Grunde kaum existieren. Ihre Abhängigkeit ähnelt der eines Kindes von den Eltern – wenn auch eines Kindes, das es gelernt hat, seine Position in der Beziehung durch List und Drohungen zu stärken.

Was also kann man unternehmen, um sich aus der Beziehung mit einem Beziehungsräuber zu befreien? Sollten Sie eines Tages erkennen, dass Ihr Partner Sie energetisch ausbeutet, so stellen Sie zunächst bitte diese prinzipiellen Fragen:

1. Lieben Sie den »Vampir an Ihrer Seite« trotzdem immer noch?
2. Wollen Sie die Partnerschaft aufgeben?
3. Oder wollen Sie versuchen, die Beziehung so grundlegend umzuwandeln, dass energetische Raubzüge Ihres Partners überflüssig werden?
4. Wenn ja, wird auch Ihr Partner bereit und imstande sein, seine bisherigen vampiristischen Verhaltensweisen zu überwinden?

Drei Regeln
zum Schutz vor Beziehungsvampirismus

Wer die obige Frage Nummer eins mit nein beantwortet, braucht sich für die weiteren Punkte wohl kaum mehr persönlich zu interessieren. Sollten Sie jedoch feststellen, dass Sie sich von Ihrem »geliebten Energiesauger« trotz erlittener Blessuren und erkannter Risiken nicht trennen können oder wollen, so steht Ihnen ein Abenteuer besonderer Art bevor: der Versuch, den Vampir an Ihrer Seite zu zähmen.

In diesem Fall sollten Sie die drei folgenden Regeln unbedingt beherzigen.

Erste Regel: Energetische Unabhängigkeit beider Partner
Diese Regel besagt nicht, dass Sie einander künftig nicht mehr stützen und beistehen sollten. Sie bedeutet aber, dass in einer Beziehung unter normalen Umständen jeder Partner imstande sein muss, auf eigenen Füßen zu stehen: Keiner der beiden Partner darf auf Dauer von der Energie des anderen abhängig sein.

Praktische Empfehlungen:
• Sie und Ihr Partner sollten regelmäßig spirituelle Techniken zur Energiegewinnung ausführen, zum Beispiel Meditation oder Yoga.
• Anfangs sollten Sie durchaus noch an der »energetischen Ehrlichkeit« Ihres Exvampirs zweifeln, schließlich haben Sie aufgrund der gemeinsamen Vergangenheit allen Grund dazu. In diesem Übergangsstadium sollten Sie daher nicht zögern, sich zur Ausübung spiritueller Praktiken in Ihren geistigen Schutzraum zurückzuziehen.
• Sollte Ihr Partner nicht die erforderlichen Anstrengungen unternehmen oder in diesen bald schon wieder

nachlassen, beharren Sie unbedingt auf der getroffenen Vereinbarung: Ihr Partner muss alles in seiner Macht Stehende unternehmen, um sein eigenen Energielevel zu erhöhen, und alles unterlassen, was ihn energetisch schwächen könnte. Bestehen Sie beispielsweise darauf, dass er oder sie auf fleischhaltige Nahrung verzichtet, ebenso auf Alkohol, Nikotin oder Koffein sowie natürlich auf stärkere Drogen.

• Ihr Partner wird sehr bald schon erfreuliche erste Erfolge feststellen. Hat er oder sie bislang sicherlich an diffusen gesundheitlichen Beschwerden gelitten hat, so verschwinden diese meist, wenn sich das Energieniveau des Betreffenden auf einem höheren Level stabilisiert hat.

• Es kann sein, dass Ihr Partner trotz solcher Bemühungen auf energetische Transferleistungen anderer Menschen angewiesen bleibt, da er etwa an einer chronischen Krankheit leidet oder sich in einer fortgeschrittenen Lebensphase befindet. Sorgen Sie in diesem Fall dafür, dass nicht Sie allein ihm diese Energiespenden leisten müssen, sondern dass er auch von anderer Seite (etwa von Freunden, Angehörigen oder professionellen Helfern) Zuwendung erhält.

Zweite Regel: Energetisches Gleichgewicht zwischen den Partnern

Nur selten verfügen beide Partner in einer Beziehung über genau gleich viel Vitalität. Das ist auch nicht erforderlich, obwohl in der Beziehung ein »energetisches Gleichgewicht« bestehen sollte. Darunter ist nämlich keine statische Gleichheit, sondern eine dynamische Harmonie oder harmonische Dynamik zu verstehen. Wenn Sie und Ihre Partnerin oder Ihr Partner in der Beziehung ihre stärksten Begabungen und vitalsten Interessen und Bedürfnisse entwickeln und ausdrücken können, dann wechselt die energetische Dominanz ständig zwischen Ihnen beiden, je nachdem, welcher Aspekt der gemeinsamen Möglichkeiten und Interessen gerade im Vordergrund steht.

Praktische Empfehlungen

• Meditieren Sie über der Frage, worin Ihre stärksten Begabungen und vitalsten Bedürfnisse bestehen.

• Versuchen Sie durch meditative Versenkung herauszufinden, welche für Sie die stärksten Begabungen und vitalsten Interessen Ihres Partners sind.

• Befragen Sie sich in der Meditation, was Sie in diesem Leben von Ihrer Beziehung und von Ihrem Partner erwarten.

• Bitten Sie Ihren Partner, sich die gleichen Fragen zu stellen, und tauschen Sie sich mit ihm oder ihr anschließend intensiv und regelmäßig aus. Auf diese Weise entwickelt sich zwischen Ihnen mit der Zeit ein tieferes wechselseitiges Verständnis der jeweiligen Erwartungen, Möglichkeiten und Stärken.

• Wenn Ihr Partner chronisch krank oder bedeutend älter ist als Sie, wird er dauerhaft weniger Energie als Sie selbst erzeugen. In diesen Fällen riskieren Sie, sich gemeinsam auf einem Energielevel einzupegeln, das unterhalb Ihrer eigenen vitalen Bedürfnisse liegt. Um diese

Entwicklung zu verhindern, sollten Sie neben Ihrer Partnerschaft Freundschaften mit anderen Menschen pflegen, deren Energieniveau Ihrem natürlichen Level entspricht.

Dritte Regel: Freier Energiefluss in der Beziehung

Die zweite Regel setzt voraus, dass beide Partner wirklich bereit sind, auch die stärksten Begabungen und vitalsten Interessen des anderen zu dessen Nutzen, zum eigenen Wohl und zum Vorteil der Beziehung zu respektieren. Tatsächlich ist dies das energetische Herzstück jeder Partnerbeziehung: Wenn beide jeweils ihre Energien – in Form von Zuwendung, Aufmerksamkeit, Bestärkung – auf einen Punkt gemeinsamen Interesses lenken, der mal der Persönlichkeit des einen, mal der des anderen entstammt, dann herrscht zwischen ihnen ein freier Fluss der Energien. Dann können sich beide optimal entfalten, wodurch zugleich auch die Beziehung zwischen ihnen gefestigt und vertieft wird.

Praktische Empfehlungen

• Sie und Ihr Partner sollten sich in der bewussten Steuerung der Ströme Ihrer Energien üben. Bald schon werden Sie es spüren, wenn ein »Augenblick des anderen« gekommen ist, ein Moment (von beliebiger Länge), in dem sich ein inneres Potenzial Ihres Partners entfalten will. Lenken Sie dann Ihre Energie auf Ihren Partner und senden Sie ihm oder ihr emotionale Signale der Bestärkung, des Vertrauens, der aufrichtigen Wertschätzung und tiefen Liebe.

- Natürlich sollte Ihr Partner im umgekehrten Fall ebenso verfahren. Sie beide werden sehr rasch feststellen, wie förderlich dieser kontrollierte Energiefluss ist – für die kreative Entfaltung Ihrer Individualitäten und für Ihre harmonische Verbindung als Paar.
- Überprüfen Sie immer wieder einmal (in vertrauensvoller Grundhaltung), welche »Energiewunder« Sie gemeinsam auf diese Weise bewirken können: Im rechten Moment verfügt nun jeder von Ihnen über einen »Turbolader« – den eigenen Partner, der seine Energien bereitwillig zur Verfügung stellt, da und solange er sicher sein kann, dass der andere umgekehrt ebenso verfahren wird.

Anhang

Sieben Regeln zum Energieaufbau

Seit ich vor beinahe zwei Jahrzehnten meine Beratungspraxis eröffnet habe, bitten mich immer mehr Menschen in spirituellen Energie- und Lebensfragen um Hilfe. Das hängt sicher auch damit zusammen, dass mein Name und meine energetischen Empfehlungen sich mit der Zeit herumgesprochen haben. Ich glaube aber, dass es noch eine gewichtigere Ursache gibt: In einem reichen Land wie den Vereinigten Staaten, in dem es immer weniger Menschen an materiellen Gütern mangelt, sinkt zugleich das Energielevel von immer mehr Menschen immer dramatischer ab.

Woher kommt das? Nun, die Antwort liegt auf der Hand: Im alltäglichen Leben der heutigen westlichen Menschen findet sich eine ganze Reihe energiezehrender Faktoren, deren Wirkung sich insgesamt zu einer Art »überpersönlichem Energievampirismus« addiert.

Wie aber können wir diesen unguten Trend für uns selbst, für unsere Nächsten und unsere Nachkommen umkehren? Einige Abhilfemöglichkeiten habe ich in diesem Buch schon angesprochen. Zum Abschluss finden Sie hier die wichtigsten Ratschläge zu einem energetischen Langzeitprogramm zusammengestellt.

Hier sind einige der wichtigsten Energie zehrenden Faktoren in der heutigen westlichen Lebensweise:

- Falsche Ernährung im Junk-Food-Zeitalter
- Ruheloser Lebensstil des postmodernen Großstädters
- Reizüberflutung durch die Medien.

Heißt das aber nicht, dass wir selbst wenig gegen den unheilvollen Trend ausrichten können? Ganz und gar nicht. Sicherlich sind weder Sie noch ich imstande, die Lobbyistenmacht der fleischerzeugenden Lebensmittelindustrie zu brechen oder die allgegenwärtigen audiovisuellen Reize aus den öffentlichen Räumen zu verbannen. Aber jede Veränderung beginnt im Inneren und im Kleinen. So haben wir es auch hier zumindest teilweise selbst in der Hand, unser Leben Schritt für Schritt zu ändern und so unsere energetische Bilanz langsam, aber stetig ins Positive zu wenden.

Unsere inneren Energien bestimmen die äußeren Lebensumstände

Nachdem Sie dieses Buch aufmerksam durchgelesen haben, werden Sie mir wahrscheinlich sogar vorhalten, dass wir noch einen Schritt weiter gehen müssten. Und ich gebe Ihnen Recht, tatsächlich verhält es sich so: Wenn wir auf unsere innere Stimme hören und endlich den Weg einschlagen, auf dem unser Höheres Selbst uns geleiten möchte, so sind wir in unserem persönlichen Umfeld von all jenen »Zwängen« und »Reizen« im Handumdrehen weitgehend frei. Schließlich haben wir selbst, kraft der von unserem Unterbewusstsein ausgesandten Energien, die Personen und Verhältnisse in der äußeren Wirklichkeit angelockt, die heute unser Leben bestimmen. Wir brauchen also nur unser Unterbewusstsein von allen negativen Energien zu säubern, dann werden auch jene energiezehrenden Lebensumstände weitgehend aus unserer äußeren Realität verschwinden.

Aber das alles ist sehr viel leichter gesagt als getan. Zunächst müssen wir überhaupt eine Chance bekommen, unsere innere Stimme zu hören. Hierfür sollten wir so viele der negativen äußeren Faktoren wie möglich aus unserem Leben verbannen und alles in unserer Macht Stehende tun, damit wir künftig solche negativen Energien in der äußeren Welt überhaupt nicht mehr anziehen beziehungsweise uns von ihnen nicht anziehen lassen.

Um Ihnen diese praktische und spirituelle Neuorientierung zu erleichtern, habe ich auf den folgenden Seiten die wichtigsten Regeln und Maßnahmen zusammengestellt.

Sieben Empfehlungen
gegen überpersönlichen Energievampirismus

Erste Empfehlung:
Stellen Sie möglichst sofort Ihren Speiseplan auf pflanzliche Nahrung um.

Bedauerlicherweise ist fleischliche Kost minderwertiger Qualität noch immer weitaus billiger als vegetarische Nahrung. Außer diesem Umstand spricht jedoch nichts für die Gewohnheit vieler Zeitgenossen, sich regelmäßig mit den negativen Energien der zu Nahrung verarbeiteten Tierleichen zu verunreinigen.

Da Fleischnahrung (insbesondere Schweinefleisch) unserem eigenen Körpergewebe in stofflicher Hinsicht sehr ähnelt, hält fleischliche Ernährung uns auf der materiellen Ebene fest und hemmt auf diese Weise die spirituelle Bewusstseinsentwicklung. Dagegen ist pflanzliche Nahrung in vielerlei Hinsicht unserem feinstofflichen Körper ähnlicher als der grobstofflichen Physis. Pflanzen schwingen in höheren Frequenzen als tierische und menschliche Körper. Wer sich pflanzlich ernährt, schafft also eine Nahrungsbrücke zwischen seiner materiellen Ebene und seinen feinstofflichen Dimensionen.

Bedenken Sie bitte außerdem, dass eine ungute Verbindung zwischen fleischlicher Ernährung und dem energetischen Übel der Verdrängung besteht. Falls Sie nicht genau wissen, was ich damit meine, besuchen Sie einmal den Schlachthof Ihrer Stadt. Ebenso wie durch persönlichen »Psychoschrott«, den man in seinem Unterbewusstsein verscharrt, hat man als Fleischesser an allgemeiner gesellschaftlicher Verdrängung teil – und damit auch an den negativen Energien, die hierdurch in der Außenwelt angezogen werden.

Stellen Sie also, wenn nicht schon geschehen, so bald wie möglich Ihren Speiseplan auf vegetarische Ernährung um. Wenn Sie dazu übergehen, statt Fleisch und Wurst regelmäßig frisches Obst und Gemüse zu essen, werden Sie schon nach wenigen Wochen bemerken, dass Ihre bis dahin durch Fleischverzehr betäubte Sensitivität erwacht.

Manche Menschen empfinden diese auf allen Ebenen sich regende Feinfühligkeit anfangs als irritierend. Aber Sie werden sehr bald feststellen, um wie viel größer und reicher Ihre Welt geworden ist. Vor allem jedoch werden Sie bemerken, wie Ihr Energielevel durch vegetarische Ernährung in ungewohnte Höhen steigt. Niemals mehr werden Sie sich nach dem Essen schwer und erschöpft fühlen, sondern stattdessen beschwingt, unternehmungslustig und leicht. Nach gewissen Fleischportionen wirkt die menschliche Aura matt und weist verschiedentlich sogar graue Flecken auf, nach einer pflanzlichen Mahlzeit aber erstrahlt unsere Aura in kräftigen, leuchtenden Farben.

Zweite Empfehlung:
Nehmen Sie jeden einzelnen Bissen bewusst und aufmerksam zu sich.

Kauen Sie jeden Bissen dreißigmal, ehe sie ihn hinunterschlucken: Auf diese Weise befreien Sie die größtmögliche Menge der in Ihrer Nahrung gebundenen Energie.

Denken Sie während des Essens intensiv daran, dass die Nahrung, die Sie zu sich nehmen, sich in Ihrem Inneren in Energie verwandelt. Rufen Sie in sich ein Gefühl aufrichtiger Dankbarkeit und der Liebe zu dieser Welt hervor, die Sie mit so kostbarer Nahrung versorgt. Auf diese Weise bringen Sie sich mit dem kosmischen Energiepool in Verbindung, der nun auch Ihre feinstofflichen Dimensionen mit der Ihnen gemäßen spirituellen Energie auflädt.

Essen Sie stets maßvoll. Geben Sie niemals der Versuchung nach, sich zum Beispiel aus Frustration mit Süßigkeiten »vollzustopfen«. Zum einen ruft jeder Überschuss an Energie, den wir durch zu viel Nahrungszufuhr erzeugen, auch in der Außenwelt unerwünschte Überschüsse – Unordnung, Chaos, unliebsame Überraschungen – hervor. Zum anderen ist »Frustessen« wiederum nichts anderes als ein Verdrängungsmechanismus: Die unliebsamen Gefühle oder Erinnerungen, die Sie durch maßloses Essen zu verdrängen versuchen, verwandeln sich nicht nur in Pfunde zusätzlichen Körpergewichts, sondern bleiben auch als »Psychoschrott« in Ihrem Unterbewusstsein verbunkert – von wo aus sie als negative Energien wiederum negative Entsprechungen in der äußeren Welt anziehen.

Dritte Empfehlung:
Alkohol und Nikotin, Koffein und chemische Pharmazeutika sowie alle anderen Drogen sind strikt tabu.

Auch aus Drogen lassen sich Energien generieren – allerdings ausschließlich negative Energien, die für Sie selbst und Ihr Umfeld zerstörerisch sind.

Seine Gefühle zu betäuben und sich in die künstliche Gefühls- und Traumwelt von Alkohol, Psychopharmaka oder illegalen Drogen zu flüchten ist einer der sichersten Wege zu Energiemangel und Energievampirismus – ob passiv oder aktiv, als ausgesaugtes Opfer oder als Täter, der anderen Menschen die Lebensenergie raubt, die er selbst nicht mehr zu erzeugen vermag.

Lassen Sie von solchen Lastern ab, notfalls mit professioneller Hilfe – und Sie werden erstaunt und beglückt feststellen, um wie viel lebendiger Sie sich schon bald danach wieder fühlen. Die Welt um Sie herum wird strahlen und leuchten, wie Sie dies vielleicht seit vielen Jahren nicht mehr erlebt haben. Gleiches gilt übrigens für die Aura von ehemals Süchtigen, deren Leuchtkraft nach gelungenem Entzug beeindruckend zuzunehmen pflegt.

Vierte Empfehlung:
Wer zu viel fernsieht, schadet sich selbst.

An diesem schädlichen Zuviel ist allein der TV-Konsument selbst schuld: Schließlich kann nichts und niemand Sie zwingen, sich abends, an Wochenenden oder gar an den lieben langen Tag mit Ton- und Bilderschrott berieseln zu lassen.

Bedenken Sie in diesem Zusammenhang zweierlei:

Erstens: Unser Imaginationsvermögen ist eines der wichtigsten Instrumente, um unser Bewusstsein gezielt zu entwickeln und unseren Weg durch diese Welt entsprechend unseren persönlichen Neigungen und Begabungen zu steuern. Wenn wir jedoch unsere Fantasie, unsere eigene Vorstellungswelt mit der gigantischen Bilderflut aus Dutzenden von Fernsehkanälen überschwemmen lassen, haben wir wenig Chancen, unsere persönlichen Bilder zu finden und sie in unserer mit fremden Bildern überfüllten Innenwelt wirksam werden zu lassen. Auch die in diesem Buch empfohlenen Visualisierungsübungen können so nur eingeschränkt wirksam werden.

Zweitens: Die große Mehrheit der im Fernsehen gesendeten Bilder – Kriegs- und Katastrophennachrichten, Kriminal- und Horrorfilme etc. – stellt nichts anderes dar als visualisierte negative Energien. Weshalb um Himmels willen sollten wir unser Inneres tagtäglich mit destruktiven Energien anfüllen? Das wäre genauso, als würden wir jeden Tag eine Nahrung zu uns nehmen, die für unseren Körper – gelinde gesagt – unbekömmlich ist.

Allerdings spricht natürlich gar nichts dagegen, sich ab und an einmal bewusst und konzentriert im Fernsehen einen Film oder einen Bericht anzusehen, an dem man ein persönliches Interesse hat.

Fünfte Empfehlung:
Nehmen Sie Abstand vom tagtäglichen Katastrophenkonsum.

Nicht zuletzt durch die unzähligen Kriegs-, Unglücks- und Katastrophennachrichten aus aller Welt werden wir tagtäglich mit einem wahren Hagel negativer Energien bombardiert. Die reißerische Aufmachung dieses tausendfältigen Elends und die hautnahen Bilder von Leidenden, Hungernden, Fliehenden, Sterbenden auf dieser Erde überfluten den auf »Information« bedachten Zeitgenossen unablässig mit ihren destruktiven Botschaften: Tod und Sterben überall!

Dem »Konsumenten« solchen Elends bleibt scheinbar nur die Wahl, schwermütig zu werden – oder sich durch Zynismus, Abstumpfung oder andere unwünschenswerte seelische Anpassungen gegen die negative Kanonade zu wappnen.

Auch hier gibt es einen so offenkundigen wie leicht zu beschreitenden dritten Weg: Vermeiden Sie es, sich durch reißerisch aufgemachte Boulevardblätter und durch Fernsehnachrichten mit Bildreportagen von den jeweiligen Katastrophenschauplätzen über aktuelles Geschehen informieren zu lassen. Bestimmte Radiosender und seriöse Zeitschriften (neuerdings auch spezielle In-

ternetdienste) bieten stattdessen Wochen- oder Monats-
rückblicke ohne aufgeregte »Live-Reportagen« und
krass übertreibende Schlagzeilen. Gewöhnen Sie sich an,
sich durch solche Medien, die ohne Katastropheninsze-
nierung auskommen, in größeren Abständen informieren zu lassen. So können Sie auf den Energie zehrenden täglichen Newskonsum verzichten und sind doch
über die wirklich wichtigen politischen Geschehnisse
informiert.

Sechste Empfehlung:
Verringern und vermeiden Sie, wo immer möglich, die
Belastung durch Elektrosmog.

Eine noch immer unterschätzte Quelle der Belastung
von Körper, Geist und Seele ist die Verschmutzung unserer hoch technisierten Welt durch den sogenannten
Elektrosmog. Dieser elektromagnetische Unrat kann auf
vielfältige Weise unseren Organismus schädigen, Krank-
heiten aller Art hervorrufen oder begünstigen und zehrt
insgesamt an den Energien jedes Menschen, der diesen
Belastungen längere Zeit ausgesetzt ist.

Einige Ratschläge:
a) Im privaten Bereich sollten Sie wo immer möglich
auf den Gebrauch elektrischer Geräte verzichten.
b) Besonders ungünstig wirken sich Mikrowellen aus:
Vermeiden Sie den Einsatz von Mikrowellenherden in
der Küche und von Mobiltelefonen, die teilweise nahe
den Radarfrequenzen senden.

c) Informieren Sie sich bei örtlichen Initiativen gegen Elektrosmog oder durch geeignete Buchpublikationen über Abhilfemöglichkeiten am Arbeitsplatz und in den heimischen vier Wänden.

Siebte Empfehlung:
Entwickeln Sie stetig Ihr Bewusstsein weiter für die Tatsache, dass alles, was wir in unserem Leben jemals erlebt haben oder erleben werden, Energien sind, die wir entweder ausgesandt oder angezogen haben.

Das gilt für jede Erfahrung, die Sie gemacht haben, jeden Menschen, den Sie kennen lernen, jeden Gedanken, jedes Bild, jedes Gefühl, jede Erinnerung, jede Idee, die Sie beschäftigen.

Fragen Sie sich selbst:
a) Möchte ich diese Energie aussenden? Wenn nein, befreien Sie sich von ihr, indem Sie ein Clearing Ihres Unterbewusstseins durchführen (siehe Seite 81). Wenn ja, senden Sie sie bewusst aus, und seien Sie wachsam für die energetischen Reaktionen, die Sie hervorrufen.
b) Möchte ich diese Energie empfangen? Wenn nein, wappnen Sie sich durch Stärkung Ihrer Aura dagegen, wie weiter oben in diesem Buch beschrieben (siehe Seite 39 ff.). Wenn ja, nehmen Sie sie bewusst in sich auf, und achten Sie darauf, dass (in welcher Form auch immer) ein Energiestrom zum Absender zurückfließt.

Energetisch harmonische Beziehungen sind dadurch gekennzeichnet, dass die Energiebilanz aller Beteiligten ausgeglichen ist und dass durch diese Beziehung das allgemeine und individuelle Energieniveau kontinuierlich steigt.